幸せな名建築たち

住む人・支える人に学ぶ
42のつきあい方

日本建築学会 編

丸善出版

まえがき

未来を語られる幸せな名建築たち

本書に登場するのは、42組の名建築たちとそこに住む人・支える人たちです。本書では、一般社団法人日本建築学会が毎月発刊する『建築雑誌』に2014～17年の4年間掲載された連載「未来にココがあってほしいから～名建築を支える名オーナーたち～」に登場する41組のインタビュー記事を再構成しています。また、新たに取材を行った「聴竹居」の1組が加わることで、42組の人と建築の物語が紡がれています。

『建築雑誌』は1887年に創刊された日本で最も歴史ある建築の雑誌で、日本建築学会の会員から構成される30人程度の編集委員が2年間の任期で雑誌の編集を行い、委員長である編集長が定めた2年間の通底テーマをもとに各号で特集を組んで発刊しています。2014年、2015年の篠原聡子編集長の2年間は「住むことから考える」という通底テーマに合わせて、連載では住宅や元住宅などの21軒の名建築への取材を行いました。これが本書の「ハウジング編」にあたります。次の2016年、2017年の大岡龍三編集長の2年間は「未来をつくる」という通底テーマのもと、住宅以外のオフィスビル、庁舎、駅、教会、大学、商業施設などさまざまな用途の23軒の名建築への取材を行いました。これが本書の「ビルディング編」にあたります。

各編の名建築たちは、竣工年が新しい順に並び、うしろにいくほど築年数が経っている歳を重ねた名建築です。最初から読み進めていくと現在から過去へさかのぼり時代を感じながら読んで頂けますし、気になるところから先にお読み頂いても楽しめると思います。

「名建築とは何か」「未来に残っていたら、未来の人が喜ぶ建築とは何なのか」、それらを知りたいという思いからインタビューを企画し連載をスタートしました。名建築と呼ばれるものはほかにもたくさんありますが、「これからもココを残したい」と積極的に思い、行動に移されている住む人・支える人のもとへお話を伺いに行きました。連載時には「未来のことはわからないから」といった理由で、取材を受けて頂けないところもありました。少なくとも現時点で名建築の未来を語ろうと思ってもらえることが幸せな名建築の条件でもあるのです。

4年間のインタビューを通じて、「住む人・支える人から愛される建築こそが名建築だ」と考えるようになりました。本書に出てくる名建築たちは、短いものでも30年、長いものでは160年以上同じ場所で、ときには場所を移してあり続けています。住む人・支える人たちとの幸運な出会いがあり、その人たちによって名建築が生き続け、いまココにあるのです。

インタビューでは、毎回共通の質問と個別の質問を行い率直な回答を得ました。共通の質問では、たとえば「名建築に住む（または、所有する）というのはどのようなことでしょうか」「名建築を所有することでのご苦労とは」「この建築を残そうと思ったきっかけを教えてください」「この建築の未来をどのようにお考えですか」「未来に残るべき名建築とは何でしょうか」といった、名建築に住む・支える人たちだからこそ答えられる質問を投げかけています。『建築雑誌』連載時はQ&Aの形をとりましたが、本書では住む人・支える人から発せられた言葉をそのまま読者に届けたいと思い質問を外して再編集しました。名建築との長い付き合いの中で自然と発せられた言葉は、一つとして同じものはなく、こちらの想像を軽々と超えるようなものばかりでした。幸せな名建築たちと住む人・支える人たちの42の物語をどうぞお楽しみください。

＊本文の登場人物の肩書きは取材当時のものです。

日本建築学会／会誌編集委員会

委員長　篠原聡子（2014～15年）
　　　　大岡龍三（2016～17年）

『幸せな名建築たち』小委員会

主査　いしまるあきこ（いしまるあきこ一級建築士事務所）

委員　篠原聡子（日本女子大学 教授）
　　　大岡龍三（東京大学 教授）
　　　大月敏雄（東京大学 教授）
　　　栢木まどか（東京理科大学 准教授）
　　　黒石いずみ（青山学院大学 教授）
　　　真壁智治（エム・ティー・ビジョンズ）
　　　宮原真美子（佐賀大学 准教授）
　　　今井康博（株式会社大林組）
　　　大村紋子（株式会社納屋）
　　　藤田香織（東京大学 准教授）

もくじ

ハウジング編

ビルディング編

建築情報で鉄筋コンクリート造をRC造、鉄骨造をS造と表記する。

ハウジング編

日本では多くの住宅が築30年程度で建て替えられると言われています。ところが、このハウジング編で紹介する住宅たちは、新しいものでも1983年生まれで、すでに35年経っています。古いものは1850年頃に生まれたもので、160年以上も経っているのです。多くの住宅が消えていってしまうなか、なぜ、この住宅たちは長生きしているのでしょうか。

これらの住宅のなかには、一家に代々引き継がれてきたものだけではなく、血縁関係にはないけれど縁ある人との出会いがあったもの、法人が所有し維持しているものもあります。また、分譲住宅や賃貸住宅、さらにはオフィスやショップ、ギャラリーなど住宅以外の使われ方がなされているものもあります。さまざまな住まいのかたちがありますが、「未来に残したい」と強く思われているものばかりです。

普段はなかなか中に入ることができない住まいの名建築。本書ではそこに住む人・支える人の貴重なお話を伺いました。そこに人が長くいるからこそ、またそこに住まいが長くあり続けているからこそ発せられる言葉のなかに、あなたにとっての理想的な住まいとの付き合い方が、きっと見つかると思います。

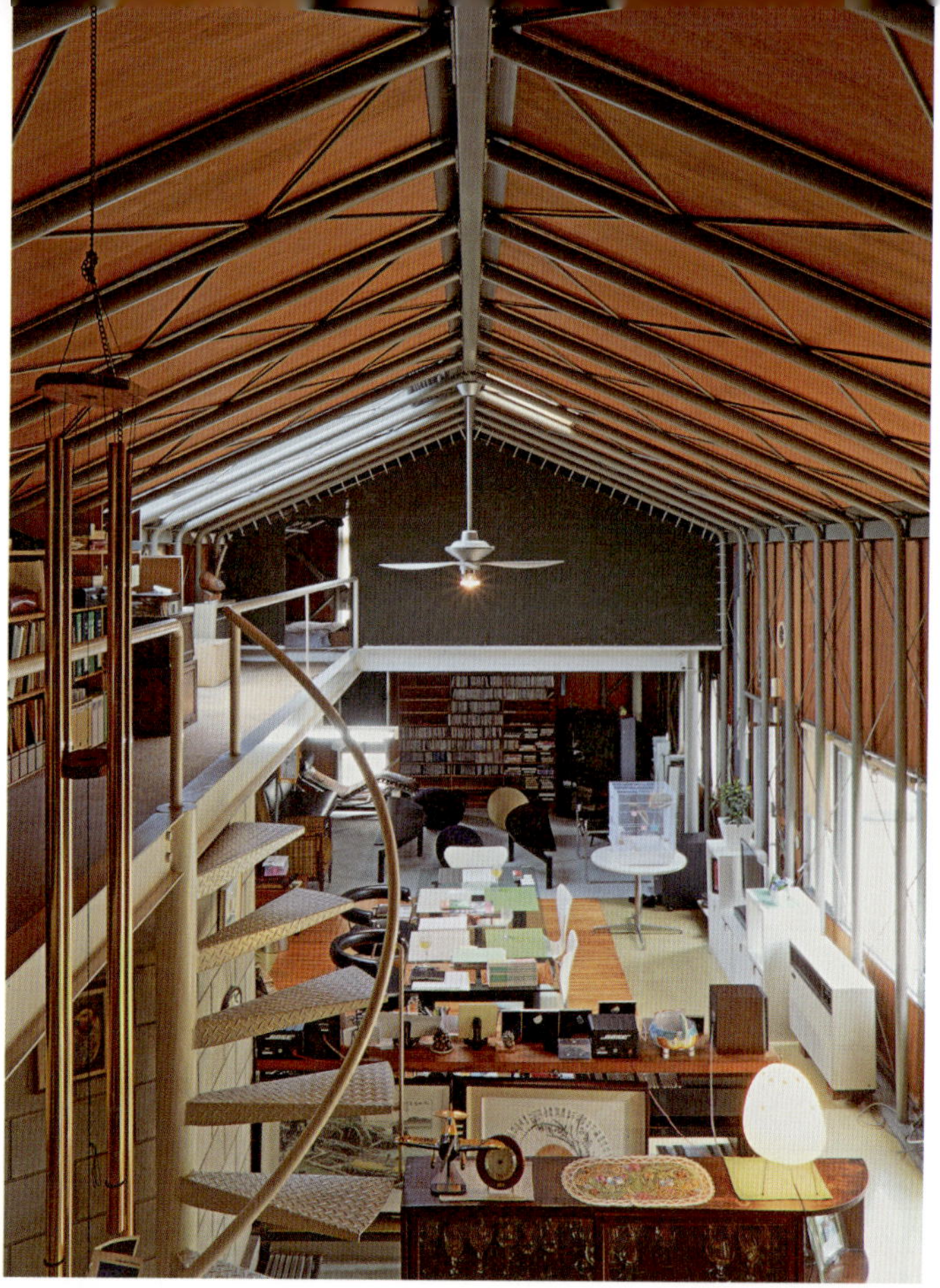

管の家 01

高橋鷹志 Takashi Takahashi
（東京大学名誉教授）

橋本都子 Kuniko Hashimoto
（千葉工業大学 教授）

大原 彰 Akira Ohara
（大原工務所 代表取締役）

設計：高橋公子＋高橋鷹志　竣工年：1983 年　所在地：東京都世田谷区
構造：コンクリートブロック造＋S 造地上 2 階　建築面積：113.83m²　延床面積：196.68m²

左：外観。アプローチから玄関を見る　右：庭から。1階と2階の構造の違いがわかりやすい
右頁：ロフトにつながるらせん階段と細い鉄骨の架構「鳥カゴ構造」が見える

二世帯住宅としてつくられた建築家の自邸
さまざまな住まい手を受けとめられる形

高橋　この家は名建築ではなく、「迷う」方の「迷建築」だと思っています。変わった家ですから、普通は住みたがらないのではないかな。ずっと住んでいるので、気に入ってはいますよ。

橋本　ここに住むようになって12年くらいです。もともとは恩師の家ですから、自分の家というよりは住まわせて頂いているという気持ちです。私自身も「管《くだ》の家」と呼んでいますが、継いで住んでいるという感覚でいます。

　模様替えが自由にできるのですが、もともとが二世帯住宅としてつくられていて、最初から転用しやすいつくりになっていたのだなと後から思っています。また、何を置いてもなじむ空間の包容力があると思います。たとえば、LC7[*1]がここにありますけれども、こういう椅子だとそれ自体が空間の主役になってしまいがちですが、ここでは非常になじむのです。

大原　家具を取り払うと大きなワンルームの空間になり、家具の配置を換えることでいろいろな使い方が楽しく想像できます。

　管の家は、自ら施工を手がけた建築でありながらも、一時的に会社の事

左：庭につながる玄関ホール。コンクリートブロックの壁が見える　右：ロフトから２階を見る
左頁：640㎜の間隔で並ぶ直径 60.5㎜の鉄パイプでできている「鳥カゴ構造」を正面から見る

務所として使うことになりましたので、非常に思い入れがある建築です。

敷地の細い通路から材料を入れる必要があって、3〜4人でも運び込むことができるような重さのものとしました。当時、鉄骨の建て方[*2]は1日でできるくらいの早さでしたが、実際は工場での作業が8割、現場での組み立てが2割といった具合に、とても手間がかかっています。今では、真似するのが難しいですね。

橋本　ここは住宅地でまわりの住宅と隣接しているので1階はコンクリートブロックで閉じたつくりになっています。一方、2階は鳥カゴのような軽やかな鉄骨造で、「鳥カゴ構造」と名付けられています。

高橋　「管の家」の設計をしていた当時のことです。高橋公子と大原さんと構造の方と私の4人で焼き鳥屋で飲みながら打合せをしていたとき、焼き鳥の串を組み合わせて「鳥カゴ」のような構造をつくったらよいのではないかとの話になり、こういう形になりました。

暮らしていて、苦労は特にありません。一つだけあるとすると、広いので探し物をよくしていますね。

橋本　夏になると、2階は気温が40度近くになりとても暑いのですが、冬は床暖房が効いているので暖かいです。春や秋はとても気持ちのよい空間で、窓を開けて庭の緑を楽しんでいます。ほかは手入れがあまり必要ないと感じていますし、大原さんのように支えてくださる方がいらっしゃるので、困ったことがあれば、すぐに駆けつけてくださいます。

大原　私がいる間はきちんと見ていきたいですし、私がいなくなった後も施工会社として引き継いでいきたいですね。できる限り関わっていきたいと思っています。

橋本　もしも将来、私だけが残った場合には、この空間のよさを理解してくれる若い人に継いで使って頂きたいなと思っています。

＊1　LC7：ピエール・ジャンヌレ、シャルロット・ペリアン、ル・コルビュジエによって1928年にデザインされた椅子。

＊2　建て方：木造やS造で構造材の柱・梁を組み立てること。

象の家（旧ギャラリーを持つ家）02

村松 伸　Shin Muramatsu
（建築史家、東京大学 教授）

設計：林雅子／改修 長尾亜子　竣工年：1983 年／改修 2000 年　所在地：東京都国分寺市
構造：RC 造地上 2 階、地下 1 階　建築面積：170.10㎡　延床面積：274.29㎡

外観。２階部分からつらなる屋根が見える
右頁：２階リビング

一生をともに過ごすことを決めた探し求めた理想の〈大きな〉家

この家が名建築かどうかはわからないので、「大建築」と呼びましょうか。私は住みたい、使いたいということでしか建物は評価していないです。

この建築に住むことは広いから大変です。いろいろなところが壊れてきているのも人間と同じで、歳を取るといろいろな病気がでてきます。雨漏りがあるし、暑いし、寒いし、直すにはお金がかかります。だましだましやってきている感じです。大きな家はつらい。

家が大きいと掃除が大変ですよね。それに尽きます。ホテルなどは誰かが掃除してくれますよね。メイドさんがいればよいですけれども、そういうわけにもいかない。歯磨きと一緒で、死ぬまで一生やるって感じです。

心の余裕があれば暖炉とか庭とか手入れすればよいのですけれども、忙しさにかまけてしていません。それでも、雨漏りは直してもらいました。天窓から雨漏りするようになって、台風のときなどはバケツを置いていました。まるで血管が破裂したみたいでした。

地震のせいか、窓がゆがんで動かなくなったりもしています。昔の装置

が劣化して、取り替えようと思っても、もう部材がなくなっているのでそれをどうするのかも大変です。替えるには資金も必要ですから、そのままにしています。大きな障子の紙を張るのも大変で、吊ったまま張らないとできないのです。1度やったけれども、大変なのでそれ以来やっていません。

大変ではあるのですが、大きいことと庭があること、その二つが好きですね。蚊がいっぱいいますね。夏は暑いし、冬は寒い。そして、湿っぽいです。敷地が傾斜地なので、特に半地下の部屋は湿気が大変ですよ。本などを置いておくとかびてしまいます。

こんなに大きくても、いる場所がほとんどないのですよ。だけど、大きくてせせこましくないから、それでバランスをとっているということだと思います。2階のリビングは気持ちがよいですし。

歴史家って掘り起こすことがツールですけれども、過去をあばくわけではなくて、忘れたところにある知恵を発掘して使うということですよね。最近の保存は「全部残せ」という感じがあるけれども、残す価値は自分で見つけ出していくものです。全部を残すと未来の人たちの新しい想像力を拒絶することがあるかもしれません。

記憶をもっと早く抽象化しないといけないと思います。3年とか10年を超えてしまったら、その価値や意味を見直して、言語化して役立てるとか、物として役立てるとか、ただあればよいようなものではないと思っていま

地下1階。右手の壁奥に部屋、左手に庭
右頁：1階。外と一体感がある玄関

す。

未来は「ケセラセラ」ですかね。まあ、死ぬまではここにいるかなと思っています。その後は、うちの娘が使っていくでしょうけれども、住みたいと思えば住むだろうし、壊したいと思えば壊せばよいと思います。僕にそれを言う権利はないし、義務もない。

未来に残るのは、残したいと強く思う人の意志と私欲・財力があるかどうかではないでしょうか。ここが名建築かどうかはわからないけれども、やっぱり自分が住みたいと思ってお金をかけますよね。そうやって自分で投資してやるのがよいのではないかなと思います。

目神山の家（回帰草庵） 03

石井智子　Tomoko Ishii
（建築家、美建設計事務所）

設計：石井修　竣工年：1976 年　所在地：兵庫県西宮市
構造：RC 造＋木造地上 2 階　建築面積：173.54㎡　延床面積：245.36㎡

左：屋根には自然と生えた花が咲き乱れ周囲の木々と一体化していた　右：外から建物は見えない
右頁：まるで森の中にいるかのような感覚になる居間。丸太の柱が森との一体感をもたらす

設計者の思想に共感した人たちが住み継ぎ自然と一体となり歳月を重ねている

人は住んでいる家から常に影響を受けますから、ここに住むということは、設計者であり父である石井修の哲学を身体に浴びながら生きていくことなのかと思います。設計者の哲学によってつくられた空間が何十年経っても価値が変わらず、そこにいるとゆったりくつろいで元気になるといったプラスの影響を住む人に与えるのが名建築だと思います。建物をつくった人のメッセージ、生き方に染まりながら生きていくことが、名建築に住むことではないでしょうか。

父がまさにここが自分の住むところだと思って、家を建てる十数年前から土地だけは買ってありました。小学生のころに祖母と私の友達と一緒にハイキングに来るような所でした。住んだ当初は前の道もアスファルトではなく砂利道で、タヌキやキジも見かけるような、まるで森の中の家でした。

居間に面した国有林の景色は変わっていませんが、38年の間に周囲は家ばかりになり、道沿いはまったく違う景色になりました。両親、私と弟、

祖母の5人家族で住み始め、父はこの家で亡くなり、今は母が一人で住んでいます。

父は「外観はいらない」として、住宅は外観が主張し過ぎないものがよいと考えていました。道に対して必ず植栽をしますから、どこの家も緑に埋もれて建物がチラチラとしか見えなくなっています。この12番坂に面して一連の「目神山の家」がたくさんありますが、散歩道として人気だそうです。

この家は父が家族のために建てた家ですが、父の考えに共鳴していなかったら住んでいてよい気分はしないでしょうね。たとえば、この家は階段だらけで一日中、階段の上り下りですけれども、もしも価値観が違っていたら苦に感じます。私の場合、父の考えにすべて賛成ですから、この家に住んで苦に感じたり嫌な思いをすることはないと思います。

周りの木は自然な状態のままで、何年かに1度しか手入れしません。父は「なるべく木を切らないでください」と言って伸ばし放題でよい状態にしていますから、みなさんも頻繁にはお手入れなさっていないようです。居間から見えたコブシの花も背が高くなって今では屋根の上からしか見えません。屋根に咲く花も自然に生えてきました。

わざわざ根株をつけた丸太を使っていますから、森の中に木が立っている状況に近いですね。ここをつくった大工さんたちはみなさんが棟梁級の腕前で、木の目を読んで材料を選んでくださったから、38年経っても建て

左：玄関から回廊を見る　右：中庭の木々
右頁：リビングダイニングとその上に個室が並ぶ

付けが悪くならないで、いつまでもビシッとしています。そうした職人の優れた技能を伝承せず、プレカット*で済ませていると、年月を経たときに差が出てしまうと思います。

「目神山の家」は20軒ありますが、「目神山の家3」は3世帯でずっと住んでいらっしゃいますし、竣工当初とは違う方に受け継がれている家もあります。石井修設計ということで情報発信してくださる不動産屋さんがいて、何十年経っても住み継いでもらえています。

「目神山の家1」は、父から引き継いだ母と私と弟の3人で話し合いをしながら、よいかたちで住みながら残していけたらと思っています。名建築なのに残らないものがたくさんあるなかで、「目神山の家1」を名建築とおっしゃって頂けるのであれば、その幸運を大事にして、何としても残していかないといけないですね。

人がどんなに進化したとしても、根っこは自然の生き物だと思うのです。生き物が感性豊かに楽しさや素晴らしさ、気持ちよさを感じながら、活き活きと生きていける建物が名建築かと思います。そして、その建物があることによって、まわりにも気持ちのよい建物が建って、町並みも気持ちのよいものになっていきます。そういう名建築は、何十年、何百年経っても魅力が失われず、いろいろな方に住み継がれ長い時間に耐えて、未来に残ると思います。

＊　プレカット：建設現場ではなく、事前に工場で材料を切るなどの加工をすること。

ビラ・モデルナ　04

新槇照代　Teruyo Aramaki
（興和商事株式会社 取締役）

設計：坂倉建築研究所　竣工年：1974 年　所在地：東京都渋谷区
構造：SRC 造地上 10 階、地下 2 階　建築面積：674.55㎡　延床面積：5546.55㎡

左：住居棟の部屋。机上部にハイサイドライト（上部窓）がある　右：住居棟の別タイプの部屋
右頁：通路から中央の外部階段を見下ろす。各戸のハイサイドライトが見える

竣工時の都市型生活への想いが入居者にも伝わり 空気感を含めて健全に維持されている

名建築を所有するというのは、非常に名誉なことだと思います。弊社に入社するまでは、ビラ・シリーズのようなデザイン重視のこだわってつくるマンションを見たことがなくて、本当にびっくりしました。いまだに学生さんが見に来たり、通りがかりで「部屋を見せてほしい」という方がとても多いのです。古くなってもこんなに愛されている建物があるということが嬉しくて、それをひしひしと重圧に感じながらも、守っていかなくてはいけないと思っています。

戦後、弊社の創業者・石田鑑三は、デザインが全部違う4〜5棟の戸建住宅を手がけています。都心ではしだいに土地がなくなり団地ができてきたころに「集合住宅に切り替えないといけない」と思ったそうです。石田は大谷幸夫さん、坂倉準三さんらと勉強したり海外にも視察に行き、1964年にビラ・ビアンカ、1974年にビラ・モデルナを建てています。

ビラ・モデルナは住居棟と事務所棟が分かれています。泊まれるように簡易ベッドを設けている部屋もあったので、一時期ホテル業もしていたと

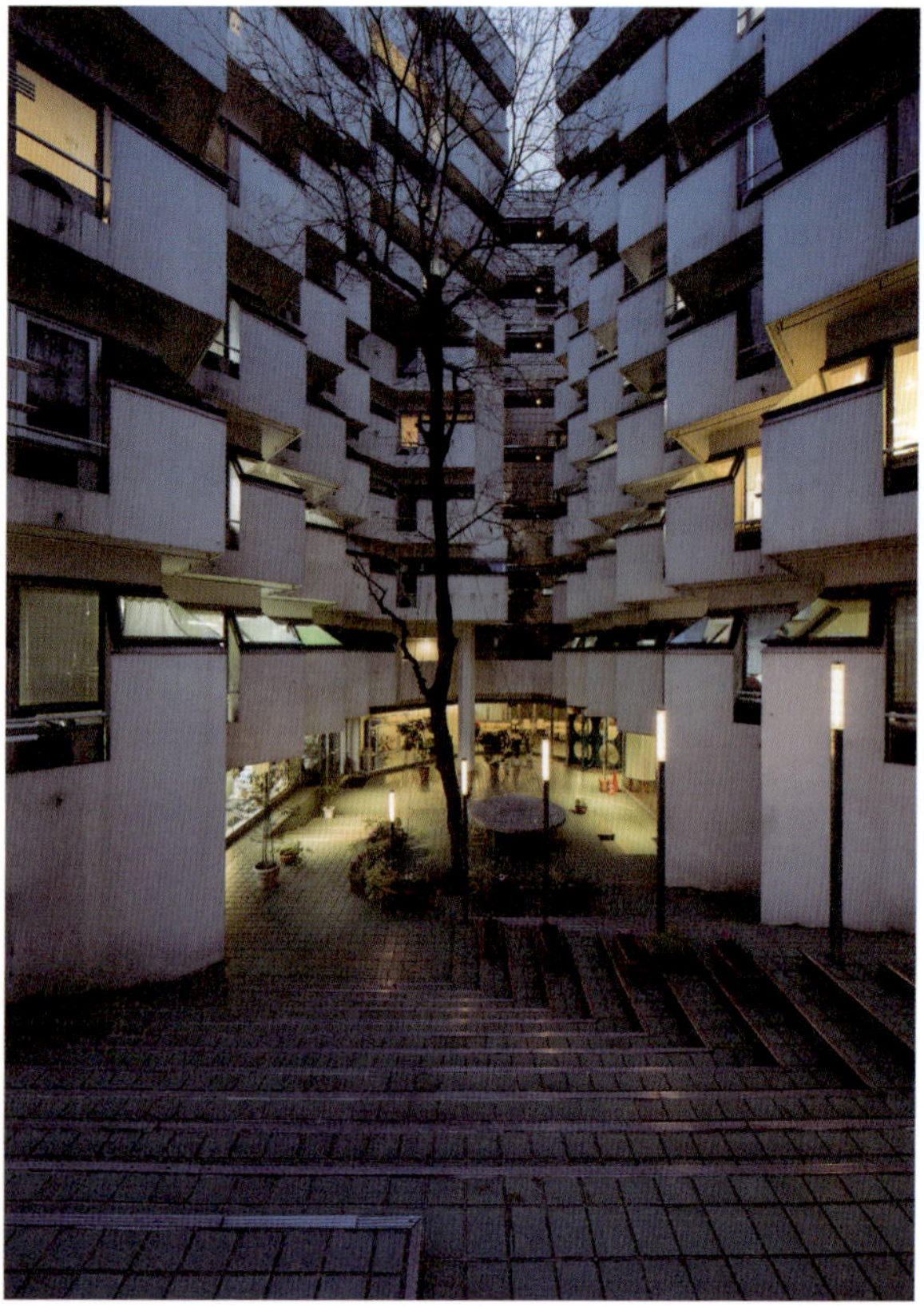

聞いています。また、フロントとレストランにつながるインターホンが各部屋にあり、外に出なくてもこの中で生活して仕事もできるというように、コンシェルジュのようなフロントサービスを先駆けて行っていました。共有スペースをこれだけ広く取っているものも、当時としては珍しいですよね。

左：屋外階段で地上から地下１階へ降りて建物へ入る　右：地下１階にあるフロント
右頁上：地下１階のメインエントランスと共有スペース　右頁下：夕景、メインの屋外階段

ガスが各部屋に通っていないことと、洗濯物を干せないといったデメリットがありますので、今は住居専用としている方は少ないですね。事務所使用の方とサブ的な住居で夜遅くなってお泊まりになる方が多いです。デザインがお好きな方が住んでくださるので「ここが好きだ」という方が多くいらっしゃいます。近隣相場からすると家賃は少し高いのですが、入居者の方の紹介でまたよい方をご紹介して頂けるという、よいつながりでみなさん入られています。

景気の変動で、こちらが思うような方が入らなくて、地下のレストランは2年近く空いています。いろいろな方からオファーはあるのですが、私たちも入る方を選んでいる状態です。住んでいらっしゃる方たちにも喜んで頂けるようなレストランに入って頂きたいと思っています。弊社の方針としても「よいお客さんを選べ」と言われています。

改修しなくてはいけない最重要事項は水廻りです。管理組合の理事で設計士の方がいらっしゃるので、修繕検討委員会をつくって取り組んでいます。突然の漏水も怖いですね。こんなに好かれている建物なので、しっかりしないといけないなと思います。

これを一度壊してしまったら、二度と建たないと思います。建て替えの話はどこからもありませんし、何十年かの耐用年数があることは調べてもらってありますので、これからも変わらず維持していきたいと思います。

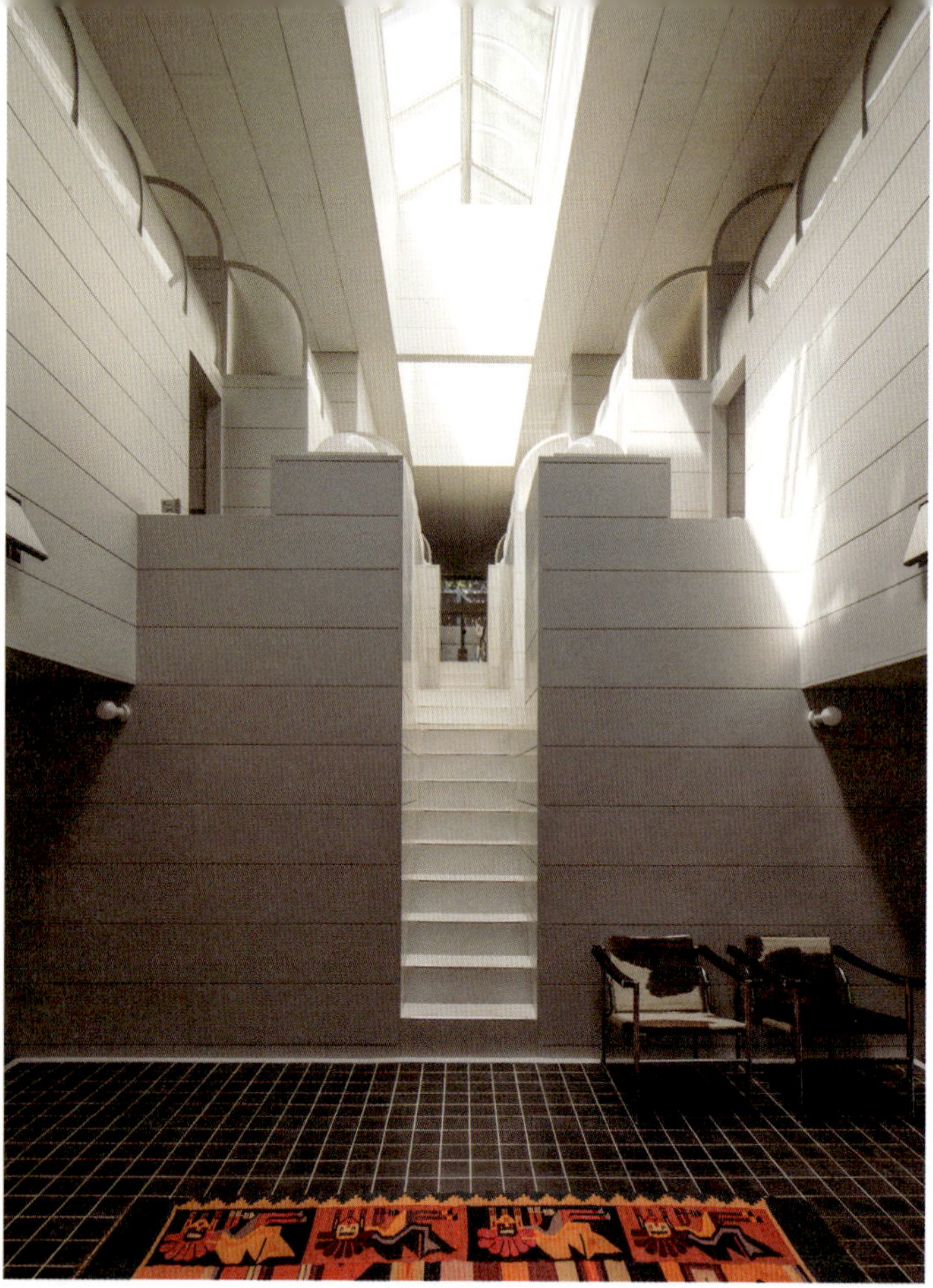

原邸 05

原 若菜　Wakana Hara
（建築家、原広司＋アトリエ・ファイ建築研究所）

設計：原広司＋アトリエ・ファイ建築研究所　竣工年：1974 年　所在地：東京都町田市
構造：木造地上 2 階　建築面積：114.00㎡　延床面積：138.00㎡

左：外観　右：３段の雲型が見える
右頁：最下部から玄関方向を見る

強い形を持つ優れた設計が時を経ても変わらずあり続ける要素となっている

家は、日常生活の場です。建てた当時そのままに、45年あまり何も変えず快適に過ごしてこられたことがそのあかしと言えるかもしれません。50年ほど前に設計した慶松幼稚園の方たちに「今度、子どもが生まれるので、家を建てようと思う」と話したら、近くに自然のままの斜面があると教わって一目で気に入りここに決めました。造成前の崖のエッジで、手つかずの潜在自然植生が残っていました。常緑樹が敷地を囲み、中は落葉樹でした。木を残し、斜面に素直に建てました。自邸の特質は、ものごとの決定が早く、設計期間は3ヶ月くらいでスムーズでした。バルコニーの前は鬱蒼とした森でしたが10年ほど前に開発され、両隣もこの2～3年で10～15mの木が伐採され家々やアパートが建ちました。素晴らしい木々が全部切られてしまって、四面楚歌という感じですよ。原広司は敷地の周りにせっせと木を補充しています。家の中から見る風景は変わりませんが、遠景に見えた森林がなくなり、敷地内の樹木が近景として迫って、景色に奥行きがなくなりました。

われわれがつくっている建物は光の動きを大切にしています。大きなトップライトは光の移ろいはもちろん、雪が積もった日はガラスが割れたようにも見えます。風の日には葉が揺れて、周りの様子がトップライト越しに家へ入り込んできます。

個室は四畳半くらいで小さいけれど天井が高く、雲型のアクリルが半透明なので圧迫感はない。屋内の雲型屋根は全部アトリエ・ファイで施工しました。原の教え子に鉄の細工が上手い学生がいて、彼ができる手法を話し合って、湾曲させた鉄枠に沿ってアクリルを留めてつくりました。複雑そうに見えるけれど非常に簡単な工法。当時、お金がなかったので一番安い材料と在来工法でつくっています。外部は杉の下見板張りで、割れても部分的に取り替えがききます。屋根は鉄板の切妻。内部はラワンベニヤ。和室だけちょっと贅沢にシナベニヤを使いました。材料は安いけれど、厳密に設計しています。

中心軸に沿った階段状の動線が目を引きますが、ほかに横動線、裏動線があって、台所と浴室と寝室まで床に段差がないですから、上り下りがない。子どもをお風呂に入れて裸のままでも寝室までの移動はほかの部屋からは見えません。動線を袋小路にしないで、必ずいろいろな経路をつくることを心がけています。食堂＋厨房も4人家族には十分でした。原の研究室の学生が100人近く集まる新年会のときにも、この台所で料理をつくっていましたが不便を感じなかった。機能的にベーシックなものが満足

左・下：最下部のスペース　右：中間階
右頁：玄関から最下部を見る

されていれば日常生活は簡便です。

寝転がって見る3段の雲型屋根から明け方にアクリルを通して光が入ってくるのはすごくきれい。この住宅のよいところは、個室間の距離感です。個室がそれぞれ適度に離れていることも重要でした。生活は雑多なもので、ゴミや感情などの有象無象の集積。ところが、こういう強い軸や形態には浄化作用があり、雑多なものが染み出てこないのです。それと、家が乾燥系だから45年もっています。床レベルに窓を、部屋の上方には換気窓を設けて、空気の動きを設計しています。洗濯物をホールに干すけれど、ちゃんと乾きますよ。

名建築と言われていなくとも、残っている古い建物には魅力があります。建物に対する住み手の愛着が長い生命を与えているように思います。

中銀カプセルタワービル 06

前田達之　Tatsuyuki Maeda

（中銀カプセルタワービル保存・再生プロジェクト代表）

設計：黒川紀章　竣工年：1972 年　所在地：東京都中央区
構造：SRC造＋ S 造地上 11 階、13 階、地下 1 階　建築面積：429.51㎡　延床面積：3,091.23㎡

左・右：ベッドが残る他所有者のカプセル。収納棚にはテレビ、デスク、冷蔵庫などがある
右頁：右がA棟、左がB棟。140個のカプセルがエレベーターと階段のコア廻りに取り付く

集合住宅内の所有戸数を増やしながら自ら直し ほかの所有者とともに保存に取り組んでいる

この中銀《なかぎん》カプセルタワービルの前を通って通勤する度に気になっていました。当時1階に置いてあった実物大のモデルルームを見ては、「ここで暮らしたら面白いだろうな」と思っていたのです。たまたま売りに出されているのを見つけて、2010年に買いました。オーナーチェンジ[*1]で購入したときには賃貸人がいて、すぐには中を見ることはできなかったのですが、その賃貸人が退去後に初めて中に入ったら部屋はボロボロでした。

名建築とかそんな肩肘張ったものではなく、一つ目のカプセル（部屋）がボロボロだったので、自分で直し始めたらこれが面白くて、ハマっていきました。使っていないカプセルや汚いカプセルを購入して、それを直して、貸し出すことを繰り返しています。

ここには何度か泊まりましたが、生活したことはないです。本当は住みたいのですが、家族がいるからできないですね。一人1カプセルと共有の1カプセルを家族で使うことができたら、新しいライフスタイルだなと思いますけれど。

今は、8カプセルを所有していて9カプセル目を契約中です（2017年末には15カプセルを所有）。ほかのオーナーさんたちと一緒に、建替えに反対できる権利数までは、無理してでも所有数を増やしていこうと思っています。なかなか建替えが進まないので、カプセルを手放す方がいて、保存したいと思う方がカプセルを購入できるのです。使えないカプセルを維持するには時間とお金がかかりますが、それ以外は考えているだけで楽しい部分がありますので、苦労はないかもしれません。

建物自体が好きなのは当たり前ですけれど、この建物に集まってくる方たちがものすごく魅力的で、特徴的な方が多く、いろいろなアイデアをもっている方と接する機会が増えました。たとえば、建築家、ＤＪ、パフォーマー、キュレーターの方がいます。

ここは必ず残さなければならない建物だと思っています。世界中からここを見たいという方たちが来て、これだけ人を引きつけている建物は壊すべきではないです。カプセルは何十年かに1回は付け替えることができれば永久的にもつだろうし、コアの部分は２５０年もつようにつくられたと聞いたことがありますから、その言葉を信じれば、後２００年は残ってい てもよいと思います。

１４０カプセルをすべて取り替えようとすると、カプセルを上から順番に取り外さないといけないのですが、一番上は取り替えができると気付きまして、カプセルのシンボルとして一つだけ付け替えるのは、インパクト

左：オフィスとして使われているカプセル。左に玄関扉が見える　右：収納の一部が残るカプセル
下：ユニットバス　右頁：前田さん所有のカプセルの一つ。竣工時の機器が集められている

があって面白いと思っています。現代や未来のカプセルを考える世界的なコンペをして、その案で付け替えることができれば、カプセルを世界に発信できるのではないかと思います。行政や企業や個人が1カプセルごとに協賛ができるようなかたちで、未来に残していけないかといった、広告代理店勤務という仕事柄、そのようなことばかり考えています。

名建築は、時間が経って、つくった当初のコンセプトが変わっても、新しい価値観でそこに人を引き寄せるような建物だと思います。ここも、メタボリズム[*2]がコンセプトだけれど、昔はビジネスマン、今はクリエイティブな人が集まって、人の新陳代謝がされていますよね。

*1　オーナーチェンジ：居住している賃借人をそのままにして不動産物件を売買し、オーナーが変わること。

*2　メタボリズム：黒川紀章や菊竹清訓らを中心として1960年の世界デザイン会議で発表された建築理論とグループ。生物学用語の新陳代謝に由来し、都市の変化に合わせて変えることができる建築。ここでは、カプセルユニットが交換できる仕組み。

セキスイハイムM1 犬木邸 07

犬木 登　Noboru Inuki
（夫）

犬木幸子　Yukiko Inuki
（妻）

設計：大野勝彦＋積水化学工業株式会社　竣工年：1974年（発売開始1971年）
所在地：神奈川県鎌倉市　構造：S造地上2階　建築面積：53.76㎡　延床面積：107.52㎡

左：リビング　右：玄関とオリジナルの階段
右頁：ユニットが組み合わさる外観

色あせない量産住宅の設計コンセプトと40年以上住みこなすオーナーとの幸せな出会い

妻　これは量産の住宅ですから、名建築に住んでいるという感覚は全然ないですね。むしろ「名設計」というか、その利点を活かし、多少の不具合はあっても40年以上楽しんで住んでいます。

もともと私は建築の勉強をしていまして、M1《エムワン》が初めて発表された1970年に建築のショーを見に行き、そのときから気になっていました。ボックスユニット工法で、非常に丈夫で工期も短く、台所・浴室サニタリーユニット、部屋のニーズに合わせた収納ユニットを選ぶという斬新な着想が面白いと思いました。自身で家を設計することもできたのですが、主人の転勤時にも〝持って行く〟ことができそうだと思いM1を選びました。

ラーメン構造なので間仕切りや外壁が自由に取れますので、オリジナルのユニットを利用して増築したり、外部に木造のサンルームを組み合わせたり、パーゴラ付きのウッドデッキを手づくりして、3回の増改築をしました。長年住んでみて、M1を選んでよかったと思っています。

夫　私は造船所で仕事をしていましたので、M1の鉄骨構造にもなじみが

ありました。船は鋼でできていますからね。まず、鋼構造は丈夫で長持ちします。地震にも強いですよね。

妻　ここは震度3とかでも全然揺れないです。地震に強いということと60年保証があることが心強いですね。

夫　それから、鉄骨のプレハブ・ボックス・ユニット方式は素晴らしい生産方式だと思っています。これにより品質が上がり、コストが下がります。住む人はよいものを安く入手でき、しかも、工期が大幅に短縮できますね。

妻　ご近所の方が「今朝、出かけるときは何もなかったのに、帰ってきたら家が建っていて、どうなっているの？」と、びっくりなさっていましたよ。ユニットは電線を越えてクレーンで運んでいました。

　住宅設計は完成したときはよいのですが、長い人生にフレキシブルには対応できていないものが多いようですが、M1は対応しやすくよいですね。復興住宅などにも質の高い住宅が素早く提供でき、次へのリユース（再利用）も可能で、もっとM1の考え方を世の中に役立たせてほしいと思います。

夫　鋼の弱点は錆です。鎌倉は潮風が吹きますから、特に塗装に注意しなくてはなりません。一時期、外国勤務で留守にしていたとき、外壁の鋼板に発錆させてしまったことがありました。もっとも強度部材ではないので簡単に直せましたが。

妻　鎌倉では海風がありますので、妻壁の鉄板加工部分が錆びやすいのが

外観。窓やパネルなどをオプションで選べる
右頁：ユニット内外の増改築も容易

難点でした。

夫　家は、時代が、あるいは住む人が変わったときに建て直すということではなく、変化に対応しつつ長く生き続けることが素晴らしいことだと思っています。M1の場合、鉄骨プレハブ・ボックス・ユニット方式の技術は後続のシリーズにしっかりと受け継がれ蓄積されていますから、この建造システムを強化していけば、この家は長く生き続け発展するものと確信しています。

妻　楽しく、気持ちが豊かになるものが未来に残っていくのではないでしょうか。

夫　人が住むところと、公共の建物とか学校とか、それによって違うと思いますが、住宅だったら、未来に残るのは住む人が気持ちよく住み、大事に育て上げて、〝生きている〟家でしょうか。

塔の家 08

東 利恵　Rie Azuma
（建築家、東 環境・建築研究所）

設計 : 東孝光　竣工年 :1966 年　所在地 : 東京都渋谷区
構造 : RC 造地上 5 階、地下 1 階　建築面積 :11.08㎡　延床面積 : 65.05㎡

左：２階。右に風呂、正面に１階とつながる吹き抜けが見える　右：１階。キッチンから見る
右頁：外観。右の階段を数段上がったところに玄関がある。窓には青いカーテンが見える

都市に建つ親子３人のための建築家の自邸
建築家となった子どもはここを守り続けている

実家であり、自宅でもあり、名建築と言われる前から住んでいるので、あまり気負いはないですね。名建築と呼ばれるものを後から手に入れて住むのとは違って、名建築に住むことについては、特に何も意識していません。見学の申込みが多いことだけが、ほかの住宅と違うことではないでしょうか。

塔の家は直接見て頂かないとわからないと思うので、できる範囲で見学して頂き、少人数であればお茶を飲んで過ごしてもらい、ご理解頂こうと思っています。それだけが少し大変かもしれないですね。

名建築と言われるようになる前の方が、すごく大変で、「本当は住んでいないのでは」と、建ってから20年ぐらいまではよく聞かれましたね。みなさんの評価が定まってからは、そういう質問はなくなったので楽になりました。

「どこが一番好きですか？」とよく聞かれるのですが、好きな場所という感覚がちょっと違っていて、個室化していなくて、全体の大きな空間の

流れやそれぞれのつながりや関係でできている家なので、全体が好きとしか言いようがないですね。

心がけていることとしては、どうやって3人家族が住んでいたのかを、見学に来た方に想像して頂けるように暮らすことです。塔の家は家族のためのものなので。それから、母の暮らしぶりですね。たとえば、カーテン一つ取り替えることでも、母はいつも青いカーテンを選んでいました。父がいつも青いシャツを着ていたからなのですが、いまだに青のままでいます。

学生のときに、いずれ自分が塔の家を継いだら、どういう風に改装しようかと思っていましたが、高い評価を頂いてしまったがために改装しにくくなったような気がします。残していく方法を考えるようになったところで、見方が変わったのだと思います。

今後の大きな課題は、どうやって保存していくかです。うちの家族とこの家は切り離せない関係にあって、家族3人がいなくなったらここも終わるものかもしれないですが、塔の家自体は残していきたい。ただ、住まないとダメだと思います。どうやって、どういう方に、どう住んで頂くか。長く残す仕組みを考えないといけないですね。形として残すだけではあまり意味がなくて、住むという機能を残さないといけないと思っています。

できれば、若い方に暮らしてもらえるような保存の仕方を考えたいです。住宅って、人が住んでいないと死んでしまうので。やはり、住宅を残して

左：３階、主寝室　右：２階、浴室。奥に浴槽、左に洗面台。手前にトイレと洗濯機がある
左下：東側外観　右頁：４階、子ども部屋。現在はゲストルーム。右にテラスがある

いくのは住み手。住み続ける、使い続ける人がいるべきなのだなと感じています。菊竹清訓さんのスカイハウスや父の時代の住宅作家の作品もどう残していくか。たとえば、〈名建築に住む会〉みたいなネットワークがあると面白いですよね。

未来に残るべき名建築がわかっていたら、みんなそういう風に設計すると思います。ですが、結局、時代と相性が合うことが重要で、意識してつくられるものが残るわけでもないのかなと思います。時代に対して一生懸命問いかけたり、それに答えた結果の住宅が、住む人に愛され続けて、歳を重ねていくと名建築と呼ばれるようになるのだと思います。

忘れがちなのが、住んでいる人に愛されているかどうかです。築50年ぐらいは評論家の意見で建築は生き残りますが、築１００年を超える建築は、その建築を愛している人がいるかいないかで決まるのではないでしょうか。建築界の思いとは違うところで、本当の名建築が出てくるのかもしれないですね。

石津邸（池辺作品 No.38） 09

石津祥介　Shosuke Ishizu

設計：池辺陽　竣工年：1958 年　所在地：東京都新宿区
構造：RC 造 地上 2 階　建築面積：55.00㎡　延床面積：64.40㎡（竣工時）

左：テラスから増築部を見る　右：階段裏
右頁：リビングダイニングと右にキッチン

つくり手が仕立てあげ
住まい手が着こなすスタンダード住宅

池辺陽先生は最初から名建築を意識してつくられていないから、時とともに名建築化したにすぎません。名建築には、できたときから名建築であるものと、時とともに名建築化していく2種類があるのではないかと思います。「衣・食・住」すべてがそうですが、つくったときは実用だけれど、時を経てそれが名器になる。ここは50年住んで、何の古さも残さない。

当時僕が勤めていた婦人画報社の雑誌『メンズクラブ』と隣合わせの『モダンリビング』編集部から「実験住宅をつくるけれど、石津さん住んでみる?」と父の石津謙介が言われたことがきっかけでした。そのころ、住まいは大阪で、東京は仮住まいでしたから、それはもう願ってもないことだと話に乗ったそうです。『モダンリビング』と池辺先生でつくる鉄筋コンクリート造の大衆住宅で、当時増え出していた公団住宅と同じ15坪でつくりました。この住宅も長屋風に連続させることを考えていたようです。建築中に初めて池辺先生にお会いしたら、大学生の僕を見て「石津さんの子どもってこんなに大きかったの?」と驚いていましたね。この家に家族5

人で住みました。
今でも、学生が突然訪ねてきたり、取材も多いですから、散らかしっ放しというわけにはいきません。ですが、きれいに住もうというプレッシャーが習慣化して、自分としてはよいなと思います。日本の木造の伝統家屋を引き継いで住む方と、戦後できた名建築では違うでしょうね。服でいえば着物時代と洋服になってからの流れは違うように、木造家屋がどんどん減っていくということは、今の東京生活には合わない部分があるからです。都市の発展と同化していかに残るかが大切なことだと思います。
造り付けの家具があまりないのです。1階の台所から2階につながる食器棚だけが唯一の造り付け家具でした。2階からはデスクとして使えるようになっていたのですが、重みで段々と棚が沈んできましてね。それで抜き取りました。つくった当時は2階の主寝室の位置に異存はなかったみたいですけれど、居間に子どもがいるのに朝その近くで寝ていなくてはなら

左：同じ建物を並べやすい外観　右：１階
右頁：２階からリビングダイニングを見る

ないのが嫌で、空いていた2階のベランダに主寝室を増築したのです。宮脇檀さんと僕が婦人画報社のアルバイトの同期だったので、「つくってくれない？」と、増築の設計は宮脇さんにしてもらいました。それから僕や弟が住んだり、再び親父たちが戻ったりと、家族が入れ替わり立ち替わり、その都度自分好みに変えて今の様子になっています。小さい子どもがいて危ないからと塞いでいた池も40年くらい経って復活させました。

一番好きなところは、池辺先生がつくったというところですよね。洋服でいえばデザイナー。誰が見てもわかるわけではないけれど、着ている本人は「ディオールの服」だと思うわけじゃないですか。池辺先生の№38に住めるというのが心地よい。「意外に狭い」と言われますが、住んでみて、この広さ以上は単なる無駄だなと思います。親子４人までなら家は15坪がフィットサイズ。日本の場合はそれでよいと思いますね。

今後は息子がどう変えるかですよね。でも気に入らなければ「そこはさわるな」と怒りますよ。僕は今80歳で、85歳からは、そのときにふさわしい自分をもう一度スタートさせるつもりです。この家は、病気になった老後を送れる構造ではないですからね。お袋が病気のときには、同じフロアだけで生活できるようにしましたね。

使う人が、常に使うことの喜びを維持できるような、快適に使える建物が名作でしょうね。見た目は最後の仕上げで、住む人が快適に満足のできる物にすることがつくる側のテーマだと思います。

自由が丘の家 伊藤邸（旧園田高弘邸） 10

伊藤晴夫　Haruo Ito

設計：吉村順三　竣工年：1955 年　所在地：東京都目黒区
構造：木造地上 2 階　建築面積：59.90㎡　延床面積：77.00㎡

左：2階の腰壁を兼ねた本棚　右：1階の本棚
右頁：ピアノが置いてあった吹抜け

住宅の保存が前提の新オーナーを募る情報発信が生んだ幸運な継承

名建築を手に入れると、想像していたよりは大変なことが起こるというのが実感ですね。この建物は、増築部分があるので生活する分には全然問題ないのですが、オリジナルの部分は「建築遺産」なので、あまり手を加えられないという事情と、今後、どう改修していくかが課題ですね。

オリジナルの部分に実際に住むとなると、ちょっと厳しいですけれど、ただこうやって昼間にここでくつろぐと、非常によい空間ですし、雑誌でも「幸甚な場所」とかいろいろ伝えられていますが、落ち着きのあるよい空間ですね。

前のオーナーの園田さんがこれをずっと守ってこられた。僕にとっては「守ってきてもらってよかったな」と、最初にこの家を見たときに思いました。

20年ほど前に大阪で自宅を建てたときに、いろいろと建築の勉強をしていて『小さな森の家』という吉村順三さんの軽井沢の山荘を紹介した本に出合いました。それ以来、「僕が住みたい家はこういう家やなぁ」という

思い入れがあって、吉村さんの建築はいろいろ見て回っていたのですね。

2012年の秋、『日本経済新聞』に「住宅遺産トラスト」の活動が紹介されているのをたまたま見たら、ここの次のオーナーを探しているということでした。最初は買うつもりはなくて「吉村さんの建築を生で見られるのだったら」と見学に来たのです。

60年以上経った建物に、こんなにも豊かな空間があると知って、細かいディテールなどを見て「ああ、すごいな」と考えを新たにしたのが、ことの発端です。そこから二転三転して、買うようなことになってしまいました。

この家は、ピアニストの園田高弘さん、春子さんのお住まいでしたから「住宅遺産トラスト」さんが4年ほど、ここでコンサートをされながら買い手を探しておられたという経緯がありますので、その継続で使って頂いています。建築を勉強されている方に見て頂くのもよいのではないかなと思い、「住宅遺産トラスト」さんにそういう機会をつくって頂いています。

水廻りなど生活に必要なものは基本的に改修しないといけないですし、どこまでを残して、どこまでを改修するのかが大きなテーマだと思います。現状の風呂とシャワーだけで冬場を過ごせるかといったら、ちょっと厳しいものがありますし、暖炉では暖房機能としては足りないです。あと、照明が暗いですよね、昔の家ですから。

当初のものは全然機能していないのですが、直そうと思っても、電気屋

吹き抜けに面して、2階の部屋が並ぶ
右頁：暖炉がある窓際の障子の空間

さんから「直せません」と言われてしまいました。新しいものを付けてしまうと台無しですから、直せないなと思っているところです。

私が生きている間は維持しますが、私の次の世代で守っていけるかどうか。ただ、子どもも最近はこちらに寝泊まりして段々と愛着がわいてきているようですので、長い目で見れば、引き継いで欲しいなと思っています。

ラッキーなめぐり合わせで自分が好きな建築にぶつかった人は、その建築を残すのでしょうけれど、これからアンラッキーなかたちでどんどん建築が潰されていく気がしますね。全国にたくさんいらっしゃる建築が好きな人と、こういう建築の出合いの場が必要ではないかと思います。

建築というのは、ぼくらのような古い家が好きな人と、それを壊して新しいのを建てたい人の両極端ですからね。町並みは家がつくっていくので、地域の人みんなで守っていかなくてはいけないのではないかと思います。

コラム

名建築という物語

どんな建築ができるかは、施主の力量によるところが大きい。建築家は望まれないものを創れないし、創るべきでもない。しかし、目前の施主だけを見て仕事をするようでは、建築家とはいえない。では、なにを見るべきか。それは、時間だと思う。時間に耐える建築を作りたいと思うし、歴史に残る建築は、まずは長生きでないといけない。しかし、これはデザインだけでも、建築家の力量だけでもどうにもならない。

王宮や教会堂といった近代以前の建築のように、王家や修道会のような圧倒的かつ継続的なクライアントがいれば、時間に耐える建築の存在も容易に可能となろうが、近代の主役は市民であり、近代建築の主役は、公共建築と住宅である。公共建築の場合、施主は自治体だから継続性はあるが、古くなって使い勝手が悪くなったとき、「どんなにお金がかかっても、名建築だから残そう」ということになりにくい。「税金を投入しても名建築を残そう」という、住人の合意の形成を図るのはかなり難しい。壊されてしまった丹下健三の「旧東京都庁舎」のように。現代のこの国では、施主が民間企業でなくても、自治体であるからこその経済合理性の前に、名建築はどんどん消えて行く運命にある。

もう一つの近代建築の主役は、住宅である。集合住宅として自治体によって供給されたもののなかにも優れた建築は少なくない。しかし、ドイツのジードルンクのように世界遺産（「ベルリンのモダニズム集合住宅群」）に認定されるといった稀な事例もあるが、アメリカのプルーイット・アイゴー（ミノル・ヤマサキ設計）のように、スラム化して取り壊されるといった末路の方が公共住宅としては象徴的である。建築が住宅として一気に大量供給されることのリスクは、そこに対して愛着を育むことができる住人を得ることの難しさでもある。

戸建て住宅にも、すぐに思い出される名建築がいくつもある。そうした建築の施主は当然、そのほとんどが個人である。サヴォア邸やファンズワース邸のように最初の施主からあまり愛されなかったが、後に歴史的遺産になるものあるが、大抵は、その建物が生き延びるかどうかはオーナーの思いにかかっている。「塔の家」に暮らす東利恵さんは、インタビューで「未来に残るべき名建築とは何でしょうか？」という問いに「築50年ぐらいは評論家の意見で建築は生き残りますが、築100年を超える建築は、その建築を愛している人がいるかいないかで決まるのではないでしょうか。」と答えている。「その建築を愛する人」とは、それを建てた施主だけではなく、それを引き継いだ人（あるいは隣人かもしれない）など、名建築が残るには愛あるサポーターが必要、ということである。

茶道で名物といわれる茶碗には、必ず箱があり、箱書き（その器の名前と、作者、命名者が記してある）があり、由緒がある。つまり、それが、どんな人からどんな人に渡って、どんな茶会に使用されたかというストーリーがある。その茶碗の姿から、その器がたどってきた時間を見る、ということなのだろう。名建築として残ってきた建築には、同様に、そこに時間をつなぐ物語がある。その物語には、どのように名建築が残るのか、あるいはどのように名建築になっていくのか、という手がかりが詰まっているように思う。

（篠原聡子）

同潤会江古田分譲住宅 佐々木邸 11

奥村園子 Sonoko Okumura
（姉）

能登路雅子 Masako Notoji
（妹）

設計：財団法人同潤会　竣工年：1934 年　所在地：東京都練馬区
構造：木造平屋　建築面積：152.16㎡　延床面積：152.16㎡

左：下見板張りと漆喰塗りの玄関　右：玄関横、洋風の客間。天井はあえて凹凸がつけてある
右頁：庭から左の広縁と右の縁側を見る。木製建具のガラス戸と欄間で明るい

同潤会が設計・建設した戸建て分譲住宅
家族の住まい方を残しつつ竣工当初の形を伝える

妹　ここが2010年1月に登録有形文化財に認められ、こういう住宅が名建築と呼ばれうる時代になったのだと思うけれど、子どものころにここに暮らしていたときは、そういう意識はありませんでした。ただ、この辺で「同潤会[*1]に住んでいます」というのは、ある種のステータスがあったのね。日本の建築史のなかで重要だと認識したのは、2006年くらいにこの家を専門家に見て頂いてからです。

　幸せな記憶の一方で、子ども時代の私には抑圧的な家でした。家長が快適に過ごせる一方、ほかの家族は息をひそめて暮らしていました。玄関が立派で、奥に行くにつれてグレードが低くなる。同潤会の近代的先駆性が言われるけれど、男女とか年齢による序列など伝統的な身分制を十分残している家だと思います。

姉　私にとって、家というとこういう家、庭というとこういう庭じゃないかというくらいの強い思い入れがある。また、ある時代の住宅の基本をつくったということではとても価値があるので、努力して維持していきたい

と思います。

妹　名建築として格好よく残すのであれば、増築や改修などの変更を無視して竣工当時に近い状態に戻すことはできます。けれど、どの時代に戻すべきか、暮らしと名建築の美とは一致しない部分があるので判断に迷う。それに、あちこちの修繕や庭の手入れの費用もかかるし、「保存するのはよいですね」と評価してもらっても、実際は気の休まることがないのです。

それにしても、よく残ったなとは思います。あの東日本大震災が起きたのが、2011年2月に屋根瓦の葺き替え工事を終えた直後だったので、この家は本当に運がよい。瓦が一枚もずれることもなく、生き延びたので、いよいよ保存するのはこの家の運命だと直感しました。

姉　豪邸ではなく、同潤会が中産階級向けに分譲した住宅を祖父母が買ったに過ぎないけれど、逆にそういう家は、普通、残らないわね。

妹　そう、この家の素晴らしさは、昭和の庶民の暮らしがそのまま残っているということ。80年経つわけでしょ。価値は時代によって出てくるもので、それに私たちは立ち会った。幼少期の記憶も戻ってきました。

姉　今までは懐かしいという感情が主でしたが、これからはいかに活用しながらよいかたちで残していくかが深刻な課題になってきました。私たちも永遠に生きているわけではないので、この先をどうしようかと考えているところです。

妹　次の10年くらいで決めなければというところで、そのための組織を整

庭から奥の増築部を見る
右頁：庭に面して明るく陽が差す広縁

えようと2011年9月1日の関東大震災と同じ日に佐々木邸保存会を立ち上げました。家族や近隣の方、専門家など、いろいろな立場、職業の方に入って頂くことで知恵も多様になります。ホームドクターの内田青蔵先生、伊郷吉信先生からも、さまざまなアドバイスを頂いています。

ここに来ると、タイムスリップしたみたいでしょう? 私たちを育ててくれた大切な家だから、今度は私たちが責任をもって次の世代に伝えたいと思っています。

＊1　同潤会：1923年の関東大震災直後の24年に全国から寄せられた義捐金によって設立され、41年に幕を閉じた財団法人。復興住宅の木造仮設住宅やRC造のアパートメントをはじめ、木造分譲住宅を建設した。

清洲寮 12

清洲土地建物株式会社

設計：下村久之助　竣工年：1933 年　所在地：東京都江東区
構造：RC 造 地上４階　建築面積：約 1,200㎡　延床面積：—㎡

左：管理事務所の木製建具の引き戸が見える　右：通路と階段の幅が広い
右頁：外観。1階は車庫として設計され、現在は店舗が入るところもある

人生をともに歩むオーナーが隅々まで手入れし築80年を超えても満室御礼の賃貸住宅

人が入ってお金を生んでぐるぐる回すことで建物が生きています。その循環を断たないようにしないと建物が疲弊してしまいます。家賃を踏み倒されてニコニコしているわけにはいかないのです。一つの部屋を改修してから5～6年住んで設備投資を回収し終わったところに退去して、傷んだところを修繕できるという流れが一番よい循環です。

設計をした下村久之助氏はロンドンで開催された1910年の日英博覧会に行って、ヨーロッパの集合住宅を見てきたそうです。下村氏から私の祖父の長谷川亀蔵に「これからは集合住宅の時代になるから」とご提案がありました。材木問屋をしていた祖父も「木材は漏電や落雷で燃えてしまうので、材木はもう扱わない」と思っていたと聞き及んでいます。

当時は馬車が一般的な時代でしたが、「これからは自動車の時代になる」と言って、ガレージの運営もしていました。清洲寮の1階をガレージにして、上に集合住宅をつくりました。ある程度の自己資金に加え、防火扉の仕様を満たすといった要件で1923年の関東大震災の震災復興の個人貸

付によって建てたそうです。

最近は20代の方の入居が多く、空き部屋はありません。先日、90代の方が亡くなったので、今は70代の方が最年長者です。戦前から入居している親子2代目の方もいます。終戦直後は子だくさんで、2Kに10人で暮らすご家族もいました。昔は子どもが下駄でカタカタと歩いていて、とてもにぎやかでした。今は静寂そのものです。

広い共用部分がこの建物の命綱です。このスペースのおかげで配管の更新がしやすいのです。

清洲寮の部屋は家具の配置換えもしやすいです。昔、2Kの家族4人暮らしでピアノを置いても何とか寝られていました。マンションは冷蔵庫を置く場所も決められてしまうし、融通が利きません。ここでは部屋を使う人がそれぞれ工夫していて面白い。私もトイレの開き戸を引き戸にしたり、空間のここがもったいないなどといろいろ考えます。

左：竣工当初からある1階のガレージ　右：外観。階段は3か所ある
右頁上：明るく広い共用部。竣工時から変わらない木製建具　右頁下：明るい光が入る階段

入居者のみなさんは古い木肌、古い空間が好きで、そこにこだわって住みたいのです。それに応えるようにしています。事務所の玄関の引き戸は80年間直さないですみました。間仕切り障子も張り替えだけです。取り替えた方が安くても、できるだけ当初の物を使っています。

傷みきったものは、新木場の古材屋に中古の建具を買いに行って取り替えます。清洲寮の建具は5尺7寸ですから、今では寸法が合うものがなかなか出てきません。新しい建具は古い建物の木肌と合わないですし、建具屋さんは古い物はつくれないのです。昔の建具はその物に合った道具からつくっていました。そういった技術の継承をする後継者が育たない時代になってしまったことは、なげかわしいです。

築100周年は見たいです。改修に全エネルギーを注いでいます。まだやり残している排水管の更新も見届けたいです。昭和59年に電気系の改修を行いましたが、さらにまた更新の工事を行います。でも、大地震がきたら終わりです。2011年の東日本大震災では結構ダメージがありました。屋上も防水のコーキング[*1]をやり直してもらいました。

下村氏の気持ちがこもった作品を使い切ってあげることができれば一番よいのではないかと思います。更新工事、改修工事をして下さる方々、また清洲寮を利用して下さる方々には、常に感謝の気持ちでいっぱいです。

＊1　コーキング：建物の気密性や防水性を高めるために隙間を目地材などで充填すること。

富久邸（ヴォーリズ・シェアハウス）13

富久慎太郎　Shintaro Tomihisa

設計：ウィリアム・メレル・ヴォーリズ　竣工年：1933年　所在地：大阪府堺市
構造：木造地上2階　建築面積：—㎡　延床面積：142.00㎡

左：２階広縁　右：板張りと漆喰塗りの外観
右頁：１階、庭に面した居間

企画・管理会社を通じて貸し出し
オーナーが遠方でも健全な維持管理ができている

私は実際に住んだことはなく、父と祖父母が住んでいました。夏休みに遊びに行っていたいわゆる〝おばあちゃん家〟ですね。そもそも、有名な方の設計だということを知りませんでした。そのことを聞いた後もヴォーリズさんのことを知らなかったので名建築だとは思ったことがなかったですね。住んでいた祖母もそんなに気にしたことはなかったようでしたので、アルミのサッシを入れる残念な改築も行われています。

祖母が亡くなり、住む人がいなくなりましたので、誰かほかに使う人がいてくれたらよいなと思っていました。ヴォーリズさんが設計した家だったので、できれば建築関係の方とか大工さんの卵とかに使ってもらえたらと住み手や使い手を募集をしたところ糀屋箱機構さんと出会いました。

1棟まるごと糀屋箱機構さんにお貸しして、運営もしてもらっています。2階の3部屋をシェアハウスにして、1階は時々、撮影スタジオとして使っています。昔は2階の部屋も下宿で貸し出していたので、もとに近いかたちのシェアハウスで使って頂けて非常によかったと思っています。

私が住むことはおそらくないので、興味がある人にうまく使って頂けるとよいなと思っています。シェアハウスに入居している方たちは、とても丁寧にきれいに使ってくれています。

名建築だと思ったことがないので、苦労はないです。建物の傷みは結構ありましたが、10年前に祖母が大きな修繕をしていましたので、今は維持が大変だということもないですし、特に困ったことはないですね。

左：ゆるやかな勾配の階段　右：１階の居間
右頁上：台所　右頁下：台所隣の食堂

家族のなかにも「残した方がよい」と言う者もいましたが、壊す勇気がなかったし、若干もったいないという思いはありました。10年前に直してくれた大工さんからは「そこそこよい家だよ」という話はありました。

この家の場合は規模があまり大きくなかったので、相続の問題が発生しないで済み、残すことができました。相続の制度は古い建築を残すようにはできていないので、いわゆる名建築で大きな家は、相続税の負担も大きくてやむなく残せないのでしょうね。

もし、こういうことに直面しても、いろいろな道はあると思うので、いろいろな人や専門家に相談するとよいと思いますよ。いわゆる大手ディベロッパー（土地開発業者）だけではなくて、糀屋箱機構さんのような新しい考え方のところに相談すると、別の視点でアドバイスをもらえたり、道が広がるかもしれないですね。

今、私は44歳で、あとどれくらい生きているかわかりませんが、現在、築80年の家を少なくとも築100年ぐらいまでは使いたいと思っています。本来は父が受け継ぐものだったのですが、早くに父が亡くなったので祖母から直接私が受け継ぐことになりました。まあ、父がいたら、潰していたでしょうね。

設計した人や大工さんが有名だからとか無名だからとかは関係ないと思います。名建築とかあまり関係なく、使えるものは長く使ったらよいと思いますね。

堀ビル 14

堀信子　Nobuko Hori
（合資会社 堀商店 会長）

設計：小林正紹＋公保敏男　竣工年：1932 年　所在地：東京都港区
構造：RC 造地上 4 階、地下 1 階、塔屋付き　建築面積：173㎡　延床面積：—㎡

左：２階、錠の展示室　右：１階、ショールーム
右頁：１〜３階が店舗・事務所、４階が住まい

80年変わらずまちを見守る本社ビルの上にある住まい

この建物は錠前メーカーの本社ビルで最上階に住まいがあります。主人の父が関東大震災の後に建てたもので、築80年ちょっとになりますが、私が一番長い住人になったのですよね。嫁いだ当時は大家族でしたが、今では私一人で住んでいます。そのこと自体、私は不思議に思っているのですよね。60年後に一人で住むなんて思ってもいませんでした。

80年前は4階建でもエレベーターを設けなくてもよかったのですよね。私が嫁いできたときはお手伝いさんがいて、買い物に出ることはほとんどなかったので、階段を意識する必要はなくて、平屋と同じ生活をしていられましたから快適でしたね。

住まいの台所の戸棚も、いわゆる上等な和家具をつくる指物師がすべてつくったから、80年経ってもほとんど狂わないのです。逆に、新しいものの方が、狂いがでてくることはありますよね。

建てた当時は、火を楽しむ暖炉もあって非常に優雅な情景を思い浮かべたのでしょうが、私が嫁いできたときは戦争でスチーム暖房も献納した後

でしたので、茶の間に長火鉢が一つだけで、火の気がまったくなくて、すごく寒かった。

戦争中に手入れが全然できなかったことで、窓枠の鉄が錆びてほとんど開閉ができないところもありました。水道管にしても当時は一番よい物を使っていますけれども、何十年も経っていると全部腐食してしまいます。埋設させると後が大変ですよね。外壁タイルは、当時イギリスから取り寄せたもので補充がきかないですから、建物の裏手からはがして必要な箇所に移植して補修したのです。

バブルのころは、盛んにこの場所を狙ってあちらこちらから地上げの話がきていましたよ。20年前に一時、建て替える話がでたのよね。私は息子たちに最終的な判断は任せるということで話は進んでいましたが、ぎりぎりのところでやめることになりました。設計図も全部できていて、引越寸前のところまでいったのですけれどもね。

この建物が有名になったのは、築80年以上経ったからでね。当時は、こういう建物はたくさんありましたが、うちの建物は塔というシンボルを建てたことに名建築のゆえんがあるのですよね。当時は、まさか、こんなに周りが建物に囲まれるとは予想もできませんでしたから。

周囲の地盤が沈下しています。建てた当時は道からの目線がちゃんとしていたのですが、今はショーウィンドウの方が高いのです。沈下で建物が傾いて、「戻すには2億円くらいかかる」と言われました。2011年の

左・下：３階、階段　右：１階には自転車が
右頁：１階ショールーム

東日本大震災では、ほとんど何ともなかったのですが。
ここも奇跡的ですよね、80年以上建っているって。ここの一角だけ、空襲を受けなかったのですよ。今はもう、住んでいらっしゃる方がこの地域は少なくなっていますでしょ。昔のことを知っていらっしゃる方は「是非残してほしい」とおっしゃいますよね。
今、私は79歳ですが、はたして、あと何年ここの階段を上がれるかわかりませんし、子どものことなどもろもろの事情がありますから、どれくらいここを維持できるかは断言できないですけれども、父の志を継いで大事に住んでいきたいですね。

奥野ビル（旧銀座アパートメント） 15

奥野亜男　Tsuguo Okuno

設計：川元良一　竣工年：第 1 期 1932 年、第 2 期 1934 年　所在地：東京都中央区
構造：RC 造地上 7 階、地下 1 階　建築面積：225㎡　延床面積：1,773㎡

左：3階、元美容室の「奥野ビル306号室プロジェクト」　右：1階、アンティークショップ「anti-Q」
右頁：スクラッチタイルの外観。窓辺には植栽ができるように土が用意されている

時代の求めに柔軟に対応することで使われ続ける元高級賃貸アパートメント

名建築というのは結果だと思っています。１９２３年の関東大震災で東京は壊滅的な被害を受けましたが、ここは１９３０年代の当時の最高レベルの耐震技術を使って建てられました。

祖父が鉄道車両の部品製造で成功し、不動産賃貸を始めました。関東大震災でここにあった工場が消失し、祖父も昭和４年（１９２９年）に亡くなったのですが、父が引き継いでここを建てました。父の旧制中学校の同級生が、設計者の川元良一先生と大学の同級生で、紹介してもらったそうです。

昭和７年（１９３２年）の竣工時には、トイレとお風呂が共用の〝ワンルームマンション〟でした。昭和30年代に住宅が郊外に進出するようになって、空き部屋ができました。部屋が単身者向けで家族向きではないからですよね。このときのテナントはメディア（映画製作など）関係事務所、建築士事務所の方が多かったです。平成の初めごろには画廊さんが入るようになり、それがヒットしまして、今では20店舗が入る〝画廊ビル〟です。今

のトレンドはアンティークショップですね。入居希望の方は「アンティークな建築はほかになかった」とおっしゃいます。テナントさんからのご紹介も多くて、いつも満室です。

地下に男女別のお風呂があり、また、全居室に電話回線がありました。当時の最先端は同潤会アパートでしたが、ここの設計者の川元先生も同潤会にいた方です。当時としては高層の7階建で、当初は談話室や洗濯室がありましたし、エレベーターがあったことが特に先進的でした。手動ドアのエレベーターは「当時のまま残してほしい」と、テナントさんがおっしゃるのです。この建築への愛着があるからですよね。

当時は高級アパートですから、収入が高くないと入居できませんでした。《東京大行進》（1929年）を歌っていた佐藤千夜子さんがお住まいで、作詞をされた西條八十《やそ》さんが事務所として使用されていました。

竣工間際から306号室でスダ美容室をされていた須田さんは、美容室とは別の階の部屋に住み、美容室をやめた後は2000年代まで306号室にお住まいでした。その後、使われていたころの状態を保ちながら、有志が家賃を出しあって維持・活用する「奥野ビル306号室プロジェクト」は、私も支援しています。

奥野ビルの重厚感と趣があるところが好きですね。2011年の東日本大震災のときに、周辺のビルが揺れているのは見ましたが、ここはがっちりしていますから揺れませんでした。1階の事務所では絵も花瓶も落ちま

左：床のわだち　右：２棟の隣り合う階段　下：階段の親柱は同潤会アパートと似たデザイン
右頁：昔ながらの手動式エレベーターがあるタイル張りの玄関ホール

せんでしたし、７階もほとんど揺れなかったそうです。

階段の勾配がなだらかで上がりやすいように感じますが、昭和前期の和服に草履の装いでも上がれるように階段がゆるくなっていたのではないかと思います。たくさんの人が出入りして、廊下にわだちができているところも奥野ビルの長い年月を感じさせます。

管理する上で大事なのは、お金をどこに使うかです。一番大事なのは電気。今の建物は、電気がなければ、水も流れないし、ガスも使えないですから。

商売の大原則ですけれども、お客様から求められている限りは、続けます。お客さんが誰も入らなくて全部空き家だったら、商売は成り立たないですから。一つ言えるのは、よいものをつくり残していると、人々にも伝わるということです。

聴竹居 16

磯野正智 Masatomo Isono
（株式会社竹中工務店 経営企画室室長）

松隈 章 Akira Matsukuma
（一般社団法人聴竹居倶楽部 代表理事
株式会社竹中工務店 設計本部）

設計：藤井厚二　竣工年：1928 年　所在地：京都府乙訓郡大山崎町
構造：木造平屋　建築面積：—m²　延床面積：173m²（本屋）

左：読書室　右：額縁の画のように見える窓
右頁：庭に対して開放的な外観

企業の源流となる人物の自邸を取得し地元の人々とともに守る

松隈　聴竹居《ちょうちくきょ》を設計した藤井厚二は、「その国の建築を代表するものは住宅建築である」という言葉を残しています。日本の近代的住宅はこういうものだと示したのが聴竹居です。ここは日本人が戦後忘れてしまったものを全部取り戻してくれる空間ですね。そして、今建っていてもおかしくない工夫が数多くあります。現代住宅でも行われている風通しを徹底的によくして夏を快適にしたり、リビング横の読書室で子どもが勉強をしたり、リビングを通って奥の寝室に行くのも現代的です。１９９６年の夏に初めてここを訪れたときに、日本的な家屋のかたちを残しながら近代的な椅子の生活が融合できていることに驚きましたね。

２００８年から任意団体の聴竹居倶楽部で予約制の公開活動を始めました。竹中工務店が２０１６年12月に聴竹居を取得するにあたり、竹中工務店から業務委託を受けて聴竹居倶楽部を母体に公開活動を続けることになりました。今後、代が変わっても継続するための体制を整え、設立時の役員５人のうち私を含めて３人が竹中工務店から、１人が大山崎町副町長、

1人が前所有者の藤井家からです。

磯野　聴竹居を保存するために、まず地域の方と一緒にやっていかないと長続きしないと思うのですね。会社の所有となりましたが、この建物を地域の方々とともに守っています。

松隈　案内をするスタッフは近隣の人たちです。2016年末までは僕が聴竹居を借りて公開してきました。公開活動は地元でやってもらいたいと考えて、ここに歩いて来られる人だけをスタッフに募りました。閑静な住宅地に大勢の人が見学に来たら普通は迷惑ですが、近くに住む人たちに逆に、見守りして頂いているので安心です。重要文化財を近所で守るのは新しい姿ですね。

磯野　2017年に重要文化財となり、会社としてもしっかりと守るのは責務だと思っています。来場者の方も増えましたね。

松隈　以前から建築の専門家や研究者などの一部では、聴竹居は知られてはおりましたが、1999年にDOCOMOMO Japan[*1]の日本の近代建築20選となり、雑誌やテレビで取り上げられることが増え、徐々にその存在が社会に知られるようになりました。その一方で、前所有者の方は、聴竹居をどのように維持し、未来につないでいくかを検討されていました。聴竹居を設計した藤井厚二は、1899年に創立した竹中工務店の初めての帝大卒の建築家でした。2018年は聴竹居が築90年ですし、藤井の生誕130年、没後80年です。2019年は竹中工務店の創立120周年で

左：食事室　右：客室。藤井デザインの家具
右頁：縁側、読書室、小上がりが見える

あり、メモリアルな年が続きます。そのようななかで、竹中工務店が聴竹居を所有し、適切に維持・管理し保存活用していくことが社会貢献・地域貢献としてあり得るのではと譲って頂くことになりました。

磯野　前所有者の方も我々自身も、そして地元の方々にとっても三方良しと考えて取得しました。創業から400年以上続く棟梁精神のなかで、聴竹居を所有することに竹中工務店らしさを感じます。「まちづくりを通したサステナブル社会の実現」といった我々の想いにもつながりますよね。

松隈　聴竹居と藤井厚二を通じて、竹中工務店を知ってもらえます。毎年かなりの学生も見に来ていて、聴竹居を見て入社した新入社員もいます。建設会社が重要文化財を持っている例は日本ではほかにはないですね。所有しているのだから、「大山崎町がよくなったね」と思ってもらいたいです。

磯野　地域のことを考える「まちづくり総合エンジニアリング企業」として活動が変わってきています。地域の方に愛される形でここが長く残っていけばいいですね。

松隈　藤井がやりたかったことを僕らが引き継いで、社会や世界に発信していきたいと思います。

＊1　DOCOMOMO Japan：モダン・ムーブメントに関わる建物と環境形成の記録調査および保存のための国際組織DOCOMOMOにおける日本支部。

長岡邸 17

長岡嶺男　Mineo Nagaoka

設計：中村寛　竣工年：1927 年　所在地：東京都世田谷区
構造：木造地上 2 階　建築面積：―㎡　延床面積：260.7㎡

左：玄関から階段を見る　右：玄関正面が広間
右頁：洋風の外観が際立っている

竣工当初のモダンな家が家族の一員のように代々ともに生きている

名建築と言われるようなものではないけれど、一緒に生きているという感じがします。この家は自分の身体の一部みたいで、あちらで「痛い」とか、ここが「気持ちいい」と思っているなといったことがすぐにわかります。東日本大震災のときは、2階の書斎に積んでいた書類が少しずれ落ちたかな。家族と犬が庭に出たくらいで済みました。

うちは大村藩の下級藩士でしたが、明治維新のときに分家して東京に出てきて、ランドスケープアーキテクトだった曾祖父の長岡安平が建てた芝白金三光町の家に住んでいました。澤柳政太郎先生が初等教育の実験校として、私立の成城小学校（現成城学園）を1917年に創設されたことに、祖父が賛同し、子どもたちは白金から成城小学校があった牛込に通うようになりました。その後、キャンパスがここ砧村（現在の世田谷区成城）に移転したので、学校に通うための別宅として、学園地所部から分譲地を買って、この家を建てたのです。

子どもたちだけが住んで、女中さんたちが食事などの世話をしていたよ

うですが、書斎も当初からあったので、いずれは家族全員が移る予定だったのでしょう。家に電気、ガス、水道は引かれていたけれど、下水がなかったので、側溝の泥をさらうのが大変でした。

祖父の長岡隆一郎が同潤会の理事長（内務省社会局長）を務めていたからでしょうか、内務省の部下でもあり、同潤会アパートの設計に携わっていた中村寛さんに設計を依頼しました。標準的な中廊下式ではなく、ホール式の平面形としたのは、別荘ということもあり、実験的なところがあったのかもしれません。

関東大震災のときにアメリカをはじめとする海外からの義捐金の使い方について、毛布や食料を配り、仮設住宅を建てるのは緊急だが、この機会に耐震耐火のモデル住宅を建ててみてはどうか、という案を祖父が言い出したという風に、長岡家では語り継がれています。

同潤会大塚女子アパートメントについても、単身職業婦人のためのアパートを建ててみたらどうかと、祖父が働きかけたそうです。また、このアパートの設計には、内務省社会局に勤務されていた日本初の女性行政官であった谷野せつさんのアイデアも入っていたのではないかと、私は思っています。

私のように地味に暮らしていないと建物は維持できないかもしれません。しょっちゅう、あちこち修理しています。広間の塗装は職人さんに頼みましたが、庭側や奥の部屋は家内が上手に養生して塗装をしています。

広間に面しているサンルーム
右頁：暖炉がある広間。奥は食堂

道路の落ち葉掃きもあるし、家内は、もっと楽なマンションに住みたいと言っています。長男は両親の姿を見て家の維持管理がいくらかできるようになりました。分家して4代目ですが、自分の代で家を壊したくないですね。家に記憶が詰まっていますし。

住宅は自分自身では生きられません。私たちが我慢して、かわいがっているからこそ生きていられるのであって、放っておいて生きていられるものではないのです。公共建築ではなく住宅であれば、愛着をもって住み続けられるものが名建築でしょうか。

資産があるか、質素に暮らすかして、相続税を何とかできなければ未来には残らないので、そんなに甘くないなという話です。財団をつくって運営できる場合は別として、普通の住宅はなかなか難しい。この家みたいに単に愛着があって住み続けているところまでだと、きりがないでしょう。

でも、愛着をもって住み続けるということは難しいいし、それができるということが名建築なのかもしれません。

求道学舎 18

近角真一　Shinichi Chikazumi
（建築家、集工舎建築都市デザイン研究所）

設計：武田五一　/　改修 近角建築設計事務所＋集工舎建築都市デザイン研究所
竣工年：1926年 / 改修 2006年　所在地：東京都文京区　構造：RC造地上3階
建築面積：339.96㎡　延床面積：768.01㎡

左：階段室を浴室に　右：通路を取り込んだ家
右頁：夜景。木々の間を通ってたどり着く

築80年の元学生寮を集合住宅として再生し販売
さらに60年先まで建ち続ける仕組みと想い

求道学舎《きゅうどうがくしゃ》の中に事務所として使っている部分と住宅として使っている部分とがあって、求道学舎の庭の一部に自宅をつなげて住んでいます。建物の外を通って、朝晩に自宅と事務所を行き来しているのですが、そのわずかな時間がとてもよい気分です。名建築というより「本物の建築」を感じている瞬間かな。

この路地を歩いている写真の中でしか知らない祖父・近角常観《じょうかん》の後ろ姿をよく思い出します。ここに住むようになったのは60歳近くになってからですが、引き継いだというと大げさですけど、自分のルーツの根っこのところに住めた満足感が大きいのかもしれませんね。

ここには、今のマンション市場に自分の気に入ったものがなかった方が入居されていますね。たとえば、「海外で300年前の建物に暮らしたときの記憶が忘れられない」とか、「天井が高い長い廊下にたくさんの蔵書を並べようという夢があった」という人もいます。今のマンションでは、こういう天井の高さは絶対に手に入れることができないですから。ここに

は自分の尺度に合っているかどうかを最優先に考えている若い世代の人たちが多く住んでいます。そういう意味では、ここにぴったり合う住民に出会うまでの時間がすごく大変でした。新聞記事に載りテレビ局も来て、話題になってからは問い合わせが殺到しました。2000年前後に同潤会アパートが次々に壊されて、なぜ壊すのだろうという雰囲気があるなかで、ここは直して再生しようとしているとニュース性があったのですね。

古い状態を気に入って買ってくれているのに、住民のニーズに寄り添って改修するとどうしても新しくなってしまう。新しくするとこの建物のよさが壊れてしまう。その辺が、ものすごく難しかったですね。改修し終わったときに買った人たちが満足してくれるかどうかがとても心配でした。

1990年に「NEXT 21」の仕事をしたときは、スケルトン・インフィル[*1]の思想で最新建築をつくり上げました。ハブラーケンというオランダの建築家は、ヨーロッパに古くからある建築を人々が使ってきた歴史の中にスケルトン・インフィルの思想を編み出したわけです。この考え方が求道学舎の改修にぴったり当てはまったのです。スケルトンとインフィルをきっちり分けることでそれらの心配を乗り越えることができました。

この建物のプランのつくり方や寸法の決め方や物の配置は完璧なモダンデザインで、プランだけ見るとすごくわかりやすい。結局、そのことが80年後に再生するときの一番重要な手がかりになったのです。プランだけではなく高さ方向も完璧にヨーロッパ基準でできています。設計者の武田

左：大きな樹木が寄り添う。アーチ窓が特徴　右：メインエントランスのアーチが浮かび上がる
右頁：学生寮の部屋や通路を接続して住戸にしている。アーチの窓や通路を活かしている

五一がヨーロッパで学んだ本物のヨーロッパ建築と同じくらい長生きできる資質が備わったのだと思います。

ここの定期借地権[*2]は62年間です。今、僕は67歳なので、自分でこの建物の最後を見届けることはないのですが、エンディングイメージは随分考えました。契約上ですごくよかったのは「解体積立金」をつくったことです。62年後、今のオーナーの次の世代くらいに何百万円かの積立金が貯まっていることになります。きれいに建物が維持されていれば解体しなくて済み、地主がこの建物を引き取り、積立金をオーナーに返すことになります。もしかしたらそのお金をもとにここをまた買ってくれるかもしれない。そういうストーリーを描いているのです。

宗教法人は税制面で優遇されていて築1000年のお寺が残る仕組みをもっているわけですよね。そういう意味では、ここの所有が宗教法人であることはものすごく有利に働いています。単純に親子の間の相続ではなくて、建物の寿命と同じくらい、またはそれ以上に生きていく組織が建物を継承している。自分という非常に限られた時間しか生きられないものが、もっとすごい古い時代や未来について考えるときに、建築って手がかりになるし、それが喜びでもあるしね。

*1　スケルトン・インフィル：建物の構造体（スケルトン）と内装・設備（インフィル）を分離した考え方。
*2　定期借地権：1992年に施行された借地借家法に規定された土地を借りることができる権利。当初定められた契約期間で借地関係が終了し、その後は更新できない。

濱田庄司記念益子参考館 19

濱田友緒　Tomoo Hamada

（濱田庄司記念益子参考館 館長）

設計：不明　竣工年：上ん台 1850 年頃、他　所在地：栃木県芳賀郡益子町
構造：木造平屋、他　建築面積：—㎡　延床面積：342.67㎡、他

左：益子参考館の文字がある長屋門の「正門」　右：「上ん台」の外観。奥が正式な玄関
右頁：「上ん台」内観。大きな梁が見える。照明も濱田庄司のデザイン

陶芸家が移築した建築群を子や孫が維持・展示し創作の場としても使い続けている

祖父である陶芸家・濱田庄司（以後、庄司）が1923年に益子に移住しました。1930年代に最初の母屋から始まって、立派な第二の母屋「上《うえ》ん台《だい》」、そのほか十数棟の近在の建物の移築を開始したのです。新築ではなく古い建築に味わいを求めて、江戸から明治期の農家の建築を譲り受けて移築しました。当時は、柱を1本ずつ馬で運びました。狭い砂利道を移動するので、あちこちの家の軒先に何度も突っ込みながらの運搬で、本当に大変だったようです。「上ん台」の移築には10年近くかかり、何人かのスポンサーに資金援助を仰ぎました。

「上ん台」は少し高い台地にあるので「上の台」がなまって「上ん台」という名前になりました。最初の母屋を「下の家《うち》」と呼び分けて、「上ん台」はゲストハウスとして、「下の家」は家族の住まいにしていました。

私は生まれたときからここに住んでいたわけですから、自然に古い家を受け入れていました。小学校3年生ぐらいまで暮らして、その後は父がつくった別の新築の家に住みました。父は田舎風の暮らしに疲れてしまい「ほ

とほと嫌になった」と、今でも言うのです。初代は楽しく家を建てて、2代目は守っていくのが大変で、3代目の私は父のようなわだかまりはないので、イベントを開催して建物をいろいろな人々に見てもらっています。

最初の移築は手抜き工事ですぐに問題が起きてしまい、次に頼んだ磯部文吉さんが名棟梁で、その後はずっと磯部家とお付き合いしています。移築当時はよかったのですが、今は茅葺き屋根の取り替えだけでも大変です。東日本大震災後に茅葺き屋根の棟《ぐし》と茅を取り替えてくださった棟梁は80歳でしたね。腕がよくて、何年も安心できる茅葺き屋根になりましたが、次はお願いできるのだろうかと心配しています。年に1回は、シロアリや雨漏りなど、いろいろな問題が出てきて、骨格は立派でも刻々と傷んでいくわけです。

左：登り窯。再活用の試みがされている　右：作業場。現在もろくろを回しての作陶が行われる
右頁上：「上ん台」の続き間　右頁下：長屋門を移築した「濱田庄司館」

今はここでは生活していないので、この建物の中で〝なるべく火を使う〟よう努めています。囲炉裏で火をおこして燻して乾燥させたり、煙で虫を殺したりしています。生活するのと公開するのとではだいぶ違うかもしれませんね。

囲炉裏の火が弱くなったら薪を寄せたり、ずっとその火を見ていたり、薪が熾《おき》になっていくのを見るのは子どものときから好きでした。囲炉裏の辺りは面白くて、枠の周りに俵椅子を並べて、枠の上に湯飲みとまんじゅうを置いて接客に使っていました。親しい人の場合は角と角で近くに座り、初対面の方は遠慮されてやや離れ気味で真ん中の自在掛けの影になって会話を始めるのですが、囲炉裏の火を見ながら徐々に打ち解けていき、座っている位置が近くなっていきます。囲炉裏は、そういう魅力的なテーブル兼枠です。

これからの人たちにとって、こういう大づくりの家は住みにくいですし、我々も住む感覚や住み方がわからない感じがしますね。ただ、美術館として使ったり、さまざまな催しをするには最適で、100人ぐらいは優に入れますし、みなさん喜んで家の隅々までご覧になります。今の家では得られない昔のよさが感じられる場所なので大切にしたいのですが、若い職人がいないので、50年や100年後にどうなっているのかという不安はあります。未来に残るのは、美しいこと、使っていること、品質の高い建物で、その土地の特色が残っているものではないでしょうか。

ビルディング編

よくテレビで目にしていたり、いつも前を通っている「あのビル」や、地域や日本のシンボルになっているような「あの建築」がビルディング編には登場します。それは、オフィスビルや店舗、ホテルや美術館、駅に役所に図書館、学校や教会など、多くの人が訪ねるところや、もしかすると家族や知人が関わっているところかもしれません。

よく知っているようで、実は知られていないのがその建物の所有者や維持し守っている人々ではないでしょうか。

住まいとは違い、大きな建物の所有者は法人や自治体です。お話し頂く方は、その長にあたる方、または、その建物に長年携わる方や維持に関わる方です。一人の場合もあれば複数の場合もあります。団体を代表してお話しするわけですから、一つひとつの言葉がより重く、選ばれたもののようでした。

実際に、顔を見てお話を伺うと、こうやって建築が健全に生き残っているのは、やはり人のおかげだなと実感します。そして、ここに登場する人々に実際に会うことはなかったとしても、その人の顔を思い浮かべながらそこを訪ねてみると、きっと、もっとその建築に対して思い入れが深くなると思うのです。

パレスサイドビル 20

羽田恒夫　Tsuneo Hada

(株式会社 毎日ビルディング 代表取締役社長)

設計：林昌二（日建設計）　竣工年：1966年　所在地：東京都千代田区
構造：SRC造＋RC造地上9階、地下6階、塔屋3階　建築面積：8,600㎡　延床面積：119,700㎡

左：白い筒に入っているエレベーターホール　右：機械設備は下に隠してあり水平に広がる屋上
右頁：皇居を挟んでの遠景。２本の丸い白い筒と二つに並ぶ四角の並びがわかる

人生の大半を過ごす建築に、住まいのような愛着をもつ人々によって守られている

当初は毎日新聞社、リーダーズダイジェスト社、東洋不動産の3社が出資し、パレスサイド・ビルディング社を設立し、ビルを建設し所有することにしました。その後、2社が株式や建物、敷地の持ち分を譲渡し、現在は建物、敷地とも毎日新聞社の所有です。一方でビル会社は、毎日ビルディングと社名を変え、ビルの管理、リーシング[*1]をやっています。

親しみをもって固有名詞で呼んでもらえるビルの名建築はそう多くありません。私たちはたまたまそうした名建築のオーナーですが、建築物は景観の一部で、ある意味公共財でもあり、健全に維持していく社会的責任があります。目の前の皇居や周辺の景観にこれだけマッチしたものは、いじらないで維持していくのが一番よい。変えないことがこのビルの価値だと思っています。

当時の最高のスタッフと技術でつくられた建築ですが、一方でよくメンテナンスしてきたなと感じます。設備面を含めて内装は新築ビルに遜色ないようリニューアルしていますが、外装はまったく変えていません。その

ため、レンガ、タイル、天井の木材などはオリジナルの材料をストックしてあり、同じもので補修しています。当時の意匠と思想を残すには、その費用を惜しんでいてはできません。

ビルはそこで人が活動するという意味で生き物です。愛情をもって手をかけることを惜しまないことが大切です。ビルの社員はもちろん、テナントのみなさんに愛されるビルを常に目標にしています。毎年実施する顧客満足度調査を参考に、きめ細かい対応を心がけています。商店街のほぼ全店が加盟している「パレスサイドビル名店会」とは館内の催しで互いに協力し合い盛り上げています。防災訓練、救急救命講習の参加率は消防署から管内随一と褒められます。これも普段のテナントとの定例会議を通じて意思疎通がしっかりできているからだと考えています。

5年ごとに「設備投資5年計画」を策定し、メンテナンスに取り組んでいます。今年度は第4次5カ年計画の4年目にあたり、大きな工事としては3年かけて南北の外装改修を行いました。現在は低圧幹線ルートの新設

左：地下にある毎日新聞社の旧浴室。二つの丸い浴槽が並ぶ　右：地下１階の商店街
右頁上：正面玄関の大階段。床・壁・天井は竣工時のまま　右頁下：外壁と雨樋・雨受け

に取り組んでいます。完工するとケーブルが二重化するため、ビルの安全度は飛躍的に高まります。各種工事対応のためにゼネコン2社も常駐しています。

特徴的な雨樋が詰まることはほとんどありません。雨受けと雨樋の間隔が開いているのも、管が詰まらないようにするためです。創業以来、雨受けも維持されて損壊はありません。大雨のときに雨受けにジャボジャボと水が流れてくるのを見るのが楽しくて、私は雨の日のビルが大好きです。毎日新聞社での勤務を含めると40年以上ここにいますが、ビルの中を歩いていると今でも新しい発見があります。

外から見て存在感があり、環境に溶け込んでいること、内にいて快適さと安心と住み心地のよさを感じられること、この二つが同時に満たされる建築こそが名建築といえるのではないでしょうか。

建物ですから、いつかは建て替えのときがくるわけですが、今まで大きな故障は起きていませんし、東日本大震災でも無傷でした。10年、15年のスパンでビルが生きられるよう日々メンテナンスにも力を注いでいます。一方で再開発の波も周辺までひたひたと押し寄せてきています。企業として難しい経営判断を迫られるときが来るかもしれませんが、幸いビル経営も順調ですし、一人のビル愛好家としてもこのままできるだけ長く残したいですね。

＊1　リーシング：賃貸の不動産物件に対してテナント付けを行い、仲介業務を行うこと。

目黒区総合庁舎（旧千代田生命保険相互会社の本社ビル） 21

岡野雅章 Masaaki Okano

（目黒区総務部総務課庁舎管理係長）

野原 聡 Satoshi Nohara

（目黒区都市整備部建築課構造指導係長）

設計：村野藤吾 / 改修 安井建築設計事務所　竣工年：1966 年 / 改修 2003 年
所在地：東京都目黒区 構造：本館ＳＲＣ造地上 6 階、地下 3 階、別館 S 造地上 9 階、地下 3 階
建築面積：8,014.77㎡　延床面積：本館 44,338.89㎡、別館 3,736.38㎡、計 48,075.27㎡

左：凝った意匠のらせん階段　右：エントランスホール。ここで結婚式が行われることもある
右頁：外観。池を囲むようにL字の本館と右の別館、手前に和室や休憩コーナーがある

消え去ったかもしれない危機を乗り越え地域に開かれた建築へ

野原　昭和11年竣工の旧館をはじめ六つの旧庁舎が別の場所にありましたが、分散した庁舎は狭あいだったため、区としても一団の土地をずっと探していました。2000年に千代田生命が経営破綻して、更正管財人からここの売却の打診が区にあり購入に至りました。建物をリノベーションして使う場合、建物を解体して新築した場合、旧庁舎の土地に新築した場合の三つの比較をして、経費の面からリノベーションが選ばれました。

岡野　文化的価値が高い建築の意匠を変えずに使うという方針が移転のときに決まっていたので、今はそれに沿った運用をしています。職員の執務環境を保全し、お客様にも気持ちよく庁舎を使って頂くことを意識しながら維持しています。

たとえば、池に面した休憩コーナーや和室、屋上庭園や食堂をご利用頂けますし、らせん階段の近くでも座って休憩できます。目黒区美術館の主催で毎年4～5月には建築ガイドツアーが行われ盛況です。また、村野建築の意匠が色濃く残る空間を活用して結婚式も行えます。2013年から

今までに5組の方が挙式を行いました。ドラマやCMなどの撮影にも使われていて、意匠が特徴的なところのほかに、天井の低い地下の長い廊下が刑事ドラマの拘置所のシーンで使われたことがあります。撮影の素材として建物がよいだけではなく、立地のよさや駐車場を探す苦労がないことも喜ばれています。

野原　外観の意匠にほとんど手を付けずに耐震性を高めて、このように残せるのも行政だからこそと思います。村野作品である宝塚市役所と目黒区役所を交互に村野藤吾賞の授賞式会場としていますので、そういう意味でも簡単には建物を壊せない責任の重さを感じています。

村野藤吾さんは好きな建築家なので、村野さんの空間で仕事ができるのは嬉しいことです。庁舎が一つに集まり、一人あたりの執務スペースも広くなったので、働く側としてはよかったです。ただ、お客様から見ると迷路のようで、玄関が1階、2階、3階それぞれにあるので「何階にいるのかがわかりにくい」とよく言われます。

岡野　一つ上の階に行くのにエレベーターに乗らなければいけないですし、階段を使うにしても鉄扉を2枚開けなければならないので、上下の移動が大変です。お客様が多くいらっしゃる窓口を地上に通じる1階から3階に集中させて、4階より上は窓口業務がメインではない部署を配置しています。

野原　役所には必ず議会がありますので、議場をつくらないといけません。

左：区民などが利用できる34畳の和室「はぎの間」　右：4畳半の茶室　下：池廻りの回廊
右頁：開庁時間帯に開放されている和室「しじゅうからの間」。障子を開けると池に面する

許容面積いっぱいで増築が不可能でしたから、既存の床を抜いて2層吹き抜けの議場をつくったことに苦労したそうです。

岡野　古い建物ですから設備機器も最新ではありません。職人的な力や経験を活用しながら運用しています。

野原　あと10年すると構造上の耐用年数の60年になります。耐震補強したので80年はもたせるとしても、あと30年、今と同じように使うかは誰にもわかりませんが、可能な限り維持していきたいです。

岡野　遠い未来には、この建物のあり方が変わることもあるかもしれません。近い将来でしたら、建物が機能する限りは手入れをして残していきたいですね。よく言われるように、建物は壊してしまうと戻らないですから。

野原　公共の施設は「自分の建物」という意識が希薄になりやすいですが、建物に愛情を注ぐことはその意識がないとなかなかできません。建築がつくられたときの一番よい状態から躯体や仕上げが朽ちていくなかで、手を加えることによって長く使える建物が名建築として残るのだと思います。

大学セミナーハウス 22

外村幸雄 Yukio Tonomura
（公益財団法人 大学セミナーハウス専務理事）

齊藤祐子 Yuko Saito
（サイト一級建築士事務所代表、元U研究室）

設計：吉阪隆正＋U研究室、他　竣工年：本館 1965 年、他　所在地：東京都八王子市
構造：本館 RC造地上 4 階、地下 1 階、他　建築面積：本館 426.48㎡、他　延床面積：本館 1,371.33㎡、他

左：本館、３階の客室Ａ。斜めの壁が特徴的　右：本館、１階のフロント・ロビー
右頁：本館。「大地に知の楔」が刺さるイメージの逆ピラミッドの形。左が入口

使い方を変化させながら、かつてここで過ごした人々とともに創立時の想いと形を守る

外村　名建築だから面倒くさいのです。いろいろな想いとともに、もとの形を大切にしながら使わなければなりません。一方で、名建築であることが我々のモチベーションを支えているのです。

収益を上げないと、建物のメンテナンス資金を調達できません。名建築だからお客様が集まるわけではありませんから、収益を上げつつ名建築を保つのは難しいことです。機能を付け加えながら、名建築たるゆえんの形を残すのはなお難しいです。しかし、何とか守っていきたいと思っています。

大学が複数集まって創立した経緯があり、ここには国公私立の大学の会員と企業の賛助会員がいます。宿泊費で全体の収益の8割以上を占めていて、会費への依存の割合は減ってきています。その分、一般企業の方々に会員になって支えて頂き始めています。今は、大学セミナーハウスがどうあるべきかを考える、大きな転換期ですね。

開館50周年記念会に集まった関係者の方たちにも想いがある。人間と理

念だけだと形に残らないけれど、建物は残る。本館を「大地に知の楔」といったように、心を形にすると形を通して想いが迫ってくる。開館当時の想いは建物の中に生きていますから現在の形を受け継いでいきたいですね。

齊藤　竣工から20年は、U研究室が設計して次々と建物を新築するのと同時に古い建物のメンテナンスが行われていました。当時、私もU研究室に所属して設計に携わりました。営繕の方も多くいらして、30年間は建物の傷みがあまりありませんでした。次第に利用者が減り、管理が行き届かなくなり、とうとう2005年には初期に建てられたユニットハウスの大半が取り壊されてしまいました。

そこで、2006年に「ぐるぐるつくる大学セミナー・ハウス」というワークキャンプの活動を有志で立ち上げました。参加者が大学セミナーハウスにふれる機会をつくり、手摺の塗装などメンテナンスを手伝い、建物ツアーや建築のレクチャーもしています。そのなかで建築について相談を受けるようになり、50周年記念で新食堂の「やまゆり」を設計しました。

50周年は、大学セミナーハウスの創設の理念を受け継ぎ新たに展開をするきっかけとなった気がします。今までの大学中心の施設から社会人や地域の施設として育てていきたいという話があがったのです。ここで育った人たちが、最近になってまた使っていますよね。

「セミナーハウス」という言葉自体がここで生まれました。今では各大学がセミナーハウスをもつようになり一般化して、ここはある一つの役割

左：中央セミナー室　右：長期館の宿泊室Ｂ
右頁：長期館の宿泊室Ａ

は果たして、次に何ができるか。挑戦が力になっていると感じます。

外村　老朽化しているので、あと１００年経ったら、かなり建て替えられていると思うけれど、理念の中心である本館だけは残したいですね。関わる方々の愛情と行政の支援がないと、建物の未来はありません。関わる人が減ると、お金だけではなくて愛情も薄くなっていきますからね。

単なる研修宿泊施設ではなく、教育という付加価値がある主催セミナーを増やしていきたいです。落語家と学術のコラボレーション企画とか、少し冒険しようと思わせるのは、建物からくる力によるところが大きいです。建物は単なる器ではありません。建物が力づくで私たちに何かを感じさせようとしているようです。

齊藤　国立西洋美術館が世界文化遺産になり、モダニズムの建築が文化として語られるようになりました。コンクリートのメンテナンスには課題があるけれど、技術はどんどん進み、社会全体の考え方も変わっていきます。お金がかかるかもしれないけれど、少しずつメンテナンスすることで歴史的建物として残せるようになると思うのです。

外村　みんなから愛されて、そこで過ごした時間が貴重であれば、未来に残るべき名建築になるのだろうと思います。

齊藤　未来に残るものは、設計者だけではなく、そこで過ごす人、使った人みんなの建築だと感じられる建物かもしれません。

東光園 23

石尾健太郎 Kentaro Ishio
(ベネフィットホテル株式会社 東光園 支配人)

設計：菊竹清訓　竣工年：1964 年　所在地：鳥取県米子市
構造：SRC造地上7階、地下1階　建築面積：485.85㎡(竣工時)　延床面積：3,355.58㎡(竣工時)

左：本館の特別室。海が見える　右：天皇家が利用した本館の貴賓室。大山が見える
右頁：庭から本館「天台」を見る。４階が空中庭園で、上層階は巨大な梁で吊られる構造

築50年を超えたことで その後も生き延びる術を模索している

日本建築学会の会員の方や建築士の方、将来、建築関係の仕事を目指している若い人にとっては、東光園《とうこうえん》の建物は非常に興味のあることと思います。子どものころから東光園を見ていましたが、私は建築にあまり興味がなかったのですね。

ここに勤めるようになり、所有させてもらっていることは非常に誇らしいと思うようになりました。今は昭和に建てられた名建築を残そうという風潮もありますが、東光園が２０１７年７月に登録有形文化財に登録されて報道されても、昔の私のように関心の低い方もいると思います。建築関係の方だけではなく、より多くの方にもメッセージを伝えることができればと思っています。

建物の維持管理には相当なお金がかかります。何か建物を維持するための方法を探し始めたところから登録有形文化財の申請を考えるようになりました。登録有形文化財になるとメンテナンスをするのに一部補助がありますし、その建物を活かすことを条件に築50年以上の建物が登録できると

いうことで申請をしました。正式な登録は２０１７年の秋になります。

皆生《かいけ》温泉の歴史は、１２０年ほどです。明治初期に海の中から湯が沸いているのを漁師さんが発見したのが最初で、大正10年に温泉開発が始まり、ポツポツと旅館が建っていきました。東光園は昭和11年の創業で、初代が木造の旅館から始めて、その後規模を大きくしておもてなしをしたいという思いがありました。

この建物は菊竹清訓先生が設計をされて、庭園と大浴場の設計は彫刻家の流政之先生が設計されています。当時の社長が流先生にご相談したところ、建築家の菊竹先生を紹介されました。菊竹先生がつくりたかったものとこちらの要望が重なって、こういった建物になったようです。

やはり維持管理が大変ですね。旅館業の利益を出しても、見た目の維持管理に少しずつお金をかけなくてはいけないのが悩みです。近くに海岸があることで塩害の影響もありまして、建物のコンクリートの一部が劣化している部分もあります。コンクリートの欠けた部分を金槌でトントンとやってみると、内部の鉄筋が錆びている状態で、外壁改修工事は大変なものでした。

1ヶ月に1回くらいのペースで建築のゼミ生と先生や、建築関係の団体の方がいらっしゃいます。宿泊されるお客様のなかにも建築を見に来られる方もいます。

ロビーで写真を撮られる方は、1週間に1組くらいはいらっしゃって、

左：階段室　右：最上階。海が見渡せる
右頁：ロビー。独特な柱が見える

東京とか中国・四国からが多いですね。東光園が好きな人が来られるわけですから、頑張って維持をしていかないといけないと思います。

しっかりとした構造で建物自体は残っています。DOCOMOMO Japanの日本の近代建築100選に選ばれたり、国立米子工業高等専門学校の先生をはじめ建築関係の方にご尽力頂いて支えられて、ここまで残っているのではないでしょうか。

「この建物があってよかったね」と言われるように、50年後、100年後も維持できているように、メンテナンスにお金をかけられる努力をしないといけません。登録有形文化財からさらに上を目指すのが理想かわかりませんが、人々に愛して頂けるように維持管理していき、一番よいかたちで保存したいと思います。そのための方法をこれからも模索していきたいと思っています。

東光園は「山陰の豪華客船」を目指しています。豪華客船の中には一等から四等船室までいろいろな部屋があり、料理も洋食から和食まで、ラウンジではマジックショーやピアノの演奏が行われ、船に滞在している間にさまざまな楽しみがあって、滞在されたお客様の目的に合わせて思い出をつくります。

そこで過ごした時間が貴重で楽しいもので、建物とその中でのおもてなしが一体となってはじめて名建築になるのかと思います。

東海大学 湘南キャンパス 24

山田清志　Kiyoshi Yamada
（東海大学 学長）

設計：山田守、他　竣工年：1 号館 1963 年、2 号館 1964 年、3 号館 1966 年、4 号館 1967 年、松前会館 1966 年、他
所在地：神奈川県平塚市　構造：1 号館 RC 造地上 4 階、塔屋 4 階、2 号館 RC 造地上 4 階、地下 1 階、
3 号館 RC 造地上 10 階、地下 1 階、塔屋 4 階、4 号館 RC 造地上 4 階、地下 1 階、塔屋 2 階、
松前会館 RC 造地上 2 階、他
建築面積：1 号館 4,040.25㎡、2 号館 4,889.15㎡、3 号館 1,232.68㎡、4 号館 3,584.82㎡、松前会館 876.12㎡、他
延床面積：1 号館 14,377.34㎡、2 号館 11,954.52㎡、3 号館 11,160.17㎡、4 号館 10,809㎡、松前会館 1,280.25㎡、他

左：３号館。円筒部分にはスロープ、階段、エレベーターが入る　右：Ｙ字型の１号館を上空から見る
右頁：１号館の外観。正門からまっすぐ伸びた道の先に庭と池を挟んで見える

創設以来50年を経ても大学のシンボルとしてあり続けている

本学湘南キャンパスの1～4号館、武道館、松前会館は、京都タワーや日本武道館の設計で知られ、本学理事で工学部建築学科でも教鞭をとられた山田守先生の設計によるものです。私自身は、名建築と呼ばれるものは公共財だと思っておりますので、山田守先生の設計思想が色濃く反映された校舎群を後世につなげるよう、大学が守っていかなければならないという強い使命感を感じております。

湘南キャンパスが開設されて50年余が経過しましたが、キャンパスの中心軸である通りに面して建物を統一的に配置し、特徴的な建物を最も高い場所に配置してシンボル性を高めているという、キャンパスの大きな特徴は堅持されていると思います。私は学長になったときに「原点回帰」という方針を掲げました。湘南キャンパスを設計された山田守先生の想いは、本学創立者の松前重義先生の想いでもあり、それを象徴するのが初期の建築群であると思います。

初期の建築群は、老朽化に伴い改修工事を行っていますが、耐震などの

対応を行いつつも、特徴的な意匠を活かし、誰もが開放的に使用できる施設になることを念頭に置いて、改修計画を立てたいと考えています。
　松前会館については、主に教職員向けの食堂や宿泊施設として利用していますが、本学には海外からのゲストも多く、建築学科や観光学部も有しているとことから、海外の大学のように、ゲストの方々が学内の施設に宿泊でき、おもてなしもできるようになることが理想です。教育に使用していない施設に手を加えることは難しい面がありますが、今後の課題の一つとして検討したいと思います。
　私は大学のキャンパスには、威厳が必要であると考えています。施設や制度をつくる上では「これが東海大学だ」と思えるメッセージを伝えることが重要ではないでしょうか。山田守建築には校舎の機能美とともに、グランドデザインとしての景観美を追求する強い想いが感じられます。これらの先人の意思を受け継ぎ、東海大学らしさというものを追求していきたいと考えております。
　初期の建築群を維持していく苦労というと、財政的な問題よりも老朽化に伴って古い建物を壊して新しくつくり直したいという圧力に耐えられるかどうかかもしれません。それは価値観の相違であるため合意形成は難しいと思いますが、古くなった建物を取り壊すのではなく、ヨーロッパの建築物のようにできるだけ原形を留め現代の生活に合わせて改修していく考え方が必要ではないでしょうか。

左：曲線を基調としたデザインの松前会館　右：オレンジ色の屋根で貝のような形の２号館
右頁：1,800 人以上が座れる２号館の大ホール。建学 75 周年を機に劇場型の座席に改修された

本学は湘南キャンパス開設後に大学としての拡充期に入り、多くの学部・学科を設置し、全国のキャンパスを整備してきました。その意味では再整備が後手に回り、結果として湘南キャンパスの初期の建築群が残ったという考え方もあります。しかし、私は前述したとおり、創立者の松前重義先生と設計した山田守先生の想いが凝縮されていることが建築群が残っている大きな理由だと思います。

校舎群の維持管理面において、経済的な理由とか合理性といった意見が出たときに、松前重義先生と山田守先生がキャンパスをつくったときに何を思っていたのかをもう一度考えて、未来に何を残すべきかを考えなくてはいけないと思います。私学である本学には建学の精神があり、教育機関としての使命を果たす上で常に原点回帰の考え方が重要になるのではないでしょうか。

どんなに立派で意匠に優れていても新しい建物には風格は出てこないような気がします。誰もが当たり前にそこに建っていると思える建物は、長い年月をかけて建物がその景色に同化し、誰もが同化した風景を認識しています。そう思える建物が名建築として未来に残されていくものではないでしょうか。

国立西洋美術館 25

馬渕明子　Akiko Mabuchi
（国立西洋美術館長）

設計：本館 ル・コルビュジエ　竣工年：1959年　所在地：東京都台東区
構造：RC造地上3階、地下1階　建築面積：本館 1,587㎡　延床面積：本館 4,399㎡

左：自然光が入るよう設計された２階展示室。現在は人工照明　右：空から外観を見る
右頁：ロダンの彫刻作品が並ぶ「19 世紀ホール」。三角形のトップライトから自然光が入る

日本で唯一のル・コルビュジエ建築が、世界遺産として近代建築の流れを伝え始めた

日本に一つしかないル・コルビュジエ作品ですから、残すのが大前提でした。私が学芸員だった80年代は、ル・コルビュジエの日本における知名度も高かったですし、ここを残す以外の選択肢はありませんでした。

ほかにはないものを毎日体感できることはすごく贅沢だと思う反面、建物の保全に責任があります。以前、ファサードの壁の桂浜の石が落ちてきたときには、同じような石で改修しました。企画展示館を地下につくった１９９８年には、免震構造を入れたので揺れに対しては耐性があります。しかし、建物は劣化するので、建築の最新の技術で長命を保つ努力が必要だと思います。

２０１６年７月に世界遺産に登録されて、来館者が非常に増えています。常設展には多いときは今までの３倍の方がいらっしゃいます。外から建物の写真を撮る人が絶えませんし、今まで建物を見ないで通り過ぎていた人が見てから行くようになりましたね。

世界遺産になる前となった後で建物自体は何も変わらないですけれど、

世界遺産というブランドの判子がパンと押されたことで、見られ方が変わりました。

今は見学できない屋上や中3階、旧館長室を見たいというご希望を頂きますが、いろいろな事情で全部のリクエストに応じられないのは辛いことです。中3階は小企画展示をする場所でしたが、階段が片袖で幅が狭く、安全面を考えると公開するのは難しいのです。旧館長室はできるだけ早く復元して、予約制などで公開できるようにしたいと思っています。

学芸員があまり苦労せずに使えるのはホワイトキューブです。ここは空間的にはとても素敵ですけれども、使いにくい部分もありました。柱のスパンや天井高も決まっているので、展示が自在にできないのですが、低く暗いスペースからパッと明るいところに出たり、空間を上手く使って大きい絵と小さい絵のアクセントをつけると、なかなかしゃれた展示ができますね。

ここ数年、アジアで西洋美術への関心が高まって、アジア各国の方も多く来館されるようになりました。この美術館は、中世の終わりから第一次世界大戦の終わりごろまでの西洋美術史を概観できるコレクションをもっている、アジアでほぼ唯一の美術館です。アジアの方がここに来られて、本物を見ることができるのはよいことだと思っています。

竣工時と比べると、ピロティを小さくして、ガラス面を外側に移動していま す。19世紀ホールの吹き抜けは絵画が並ぶ階につながっていますので、

左：１階、半屋外のピロティ。ガラスの間仕切りが後から追加されている　右：外観
右頁：「19 世紀ホール」のスロープを通って１階から２階へ上がる

建物の入口と19世紀ホールの入口に距離をとらないと外気が直に入ってしまいます。

そうすると、ガラスケースで絵を囲わなくてはならなくなるので、やむを得ない改修だったと思います。前庭は、可能な限り当館が完成した当初の雰囲気に近づけられればよいと考えています。

この建築の意味を正しく伝えることが大切だと思っています。ル・コルビュジエの名前をもっと多くの人が知って、ピロティや屋上庭園といった知識が増えることで、公共建築や都市景観にこだわる人がたくさん増えれば建築も残っていくと思うのです。ル・コルビュジエのお弟子さんたちの建築も脚光を浴びて、一緒に残せていけたらよいと思います。

ここはいろいろな人の手でずっと保存されていくと思います。ル・コルビュジエの考えたものを守りつつ、時代の要請にも応えられる美術館活動が求められますが、次の世代の人たちもそれを理解して守っていくと思います。

いつ見ても「よいな」と思える、人々に愛されるものが、残っていく建築ではないでしょうか。

香川県庁舎 26

浜田恵造　Keizo Hamada
（香川県知事）

設計：丹下健三＋東京大学 丹下健三計画研究室　竣工年：1958 年　所在地：香川県高松市
構造：RC 造地上 8 階　建築面積：2,726.4㎡　延床面積：12,035.4㎡

左：屋上の塔屋　右：１階玄関ホール。猪熊弦一郎の壁画の裏にエレベーターと階段がある
右頁：庭とピロティと一体感のある旧本館の高層と低層（現在の東館）。左に新本館が建つ

開かれた庁舎というコンセプトは色あせず県民にとって身近な存在として親しまれている

県庁舎は香川県民のみなさんの物であって、県庁の組織や知事の持ち物ではありません。県民のみなさんが大切に利用され、日々の清掃により美化に努めるなど、みなさんの努力で魅力的な建物として維持管理してきました。それが続いていることから、これからも建築の価値が高まりますし、文化的価値を維持していくことが重要ではないかと思います。

竣工当時の金子正則知事が、新しい民主主義の時代の県庁本館にふさわしい開かれた庁舎を建ててほしいと丹下健三さんにお話しされたそうですけれども、その通りに完成して60年近く親しまれています。名建築というよりも、県民にとって身近な非常によい施設かなと思いますね。

社会要請が変わってくるなかで、庁舎の機能に求められるものも変わってきます。建築は、基本的に使うことによってはじめて意味が生じますから、文化的価値を維持しつつ建物を利用していく、その両立が難しいですね。維持管理費だけがどんどん増えていくとすると、芸術的価値だけで建築の保存や維持を判断することは正直言って難しい面がありますから、何

を優先するのかを考えないといけません。

現状では東館は耐震性がないので、まずは、使い続けていくことが可能かどうかから議論しました。建て替えという考え方もありましたが、コンクリートの耐久性は十分あり、文化的価値もあり、耐震改修も可能だということで、耐震や免震などいろいろな施工法のコストを試算・検討しました。

そして、まだまだ活躍できる建物として、耐震化をして残すことがベストな案だと判断しました。耐震性の確保ともとの建築のイメージを損なわないといった両方の要請から、基礎免震工法と塔屋の耐震補強を採用しました。庁舎として使い続けながら、平成29年度から工事を開始し、平成31年度に完了を予定しています。

香川県庁舎は県を代表する名作であり、「アート県かがわ」として県の魅力を情報発信していくなかで最も重要な建築の一つだと思います。ピロ

左：外観　右：間仕切り自由な執務空間
右頁上：「県庁ホール」　右頁下：ピロティ式の玄関

ティ、センターコア方式など、庁舎建築のモデルとなる要素がいち早く盛り込まれて、戦後モダニズム建築の代表ということで、DOCOMOMO Japanの日本の近代建築20選にも選ばれています。

また、県庁舎以外にも、香川県には60年代、70年代竣工のいろいろなよい建築があります。それぞれの施設ごとに利用状況をみて、今後の利活用を考えないといけません。耐震性の問題がありますから、改修の予算を含めて総合的に判断し、県の建築のオーナーである県民のみなさまの理解を得ながら進めていく必要があります。

東館の文化的魅力価値を発信することを目的に、東館のガイドツアーを行っています（東館のガイドツアーは耐震改修工事により休止中。2020年1月頃再開予定）。以前からいろいろな方が見学に来られていましたが、2013年の第2回瀬戸内国際芸術祭の会期中に、丹下健三生誕100周年プロジェクトの行事の一つとしてガイドツアーを始めました。2014年からは通年で実施していて、この2年間で1600名を超える方が参加しています。参加者の半数以上は県内の方で、残りは県外や国外の方です。

免震工事を実施すると、さらに何十年かの耐用年数がありますから、次の世代に引き継いでいくことになります。「開かれた庁舎」として使い続け、県民が「アート県かがわ」の象徴として誇りに思って愛し、また、県外のみなさまをも引きつける建物として、できる限り存続していければよいと思っています。

八幡浜市立日土小学校 27

大城一郎　Ichiro Oshiro
（八幡浜市長）

設計：松村正恒 / 改修 調査・基本設計・監修 日本建築学会四国支部日土小学校保存再生特別委員会、
実施設計 東校舎・中校舎 和田耕一、新西校舎 武智和臣
竣工年：中校舎 1956 年、東校舎 1958 年、新西校舎 2009 年　所在地：愛媛県八幡浜市
構造：木造地上 2 階、他　建築面積：中校舎 435.90㎡、東校舎 449.47㎡、新西校舎 346.58㎡
延床面積：中校舎 675.56㎡、東校舎 723.06㎡、新西校舎 621.04㎡

左：東校舎２階、廊下。左の階段を上ると中庭を挟んで教室がある　右：中校舎２階、普通教室
右頁：左から東校舎、中校舎が並び、新西校舎がある。ミカン畑の山に囲まれている

熱意ある人々の働きかけと新旧校舎の使いこなしで地域と一体となった保存の道が開かれた

この建築を理解した上で、手を入れながらしっかりと後世に残していくことで、もっている価値が出てきます。ここは、名建築であり、かつ、子どもたちが6年間通う現役の学校でありますから、子どもの人間性をつくる上でも大切だと思います。

残していく上で、よさをわかってもらうことが、まず苦労です。今使っている子どもたちから地域の人たちまで、どのような建築かということをわかってもらって、だからこそ残すと理解してもらうことが最初の苦労になります。

その後は、財源を捻出して費用をかけることで残すことは可能です。また、子どもの安全面と現代教育の場であることを考えて、オリジナルを残しながらも建築基準法に合う修復を行いました。

日土《ひづち》地区の人にとっては母校ですし、重要文化財に指定されたことで思い入れが深いと思います。ほかの市民の方もほとんどが日土小学校を知っています。市内にはほかにも松村正恒さんの設計したものが多く残ってい

ますし、2015年には松村さんは名誉市民になられたので、日土小学校への市民の意識は高くなっていると思います。

日本建築学会賞等を受賞したことで、専門家からも建物が評価されていると市民に伝わりますので、意味があります。子どもたちにとっても建築のよさをより知ってもらいたいという気になります。

鉄筋コンクリート造の校舎へ建て替えたい方と保存をしたい方で、意見が分かれていました。外部の方の働きかけもあり、安心・安全な学校と重要文化財を目指す方向を決定してから、住民の方たちの意識が一緒になったと思います。

また、携わった人たちの熱意もありました。市の職員が一人ひとりと話しながらベクトルを同じにする作業を実施しましたし、松村建築であるからこそ多くの専門家のご協力を頂けたと思います。保存に対して理解が深まるようになってからは、日土小学校では「学校の好きなところを探す」「松村正恒さんとは」といった授業も行われて、子どもたちも深く理解しながら学校を大事に使っています。

現役の小学校ですから、学校の長期休みに見学日を設定して見学会を開催しています。見学者の8割は県外から来られた方で、市内の方は重要文化財に指定された際や松村さんが名誉市民になったタイミングでご覧になった方が多いですね。

見学会では子どもたちが案内係をしたり、見学会に合わせて同窓会を開

左：川に面して図書室のベランダがせり出している　右：東校舎１階の昇降口
右頁：東校舎２階、図書室。休み時間に子どもたちがやって来て、本を読んで過ごしている

催する卒業生もいるそうです。５月始めに近くの山の上で開催される「日土町みかんの花まつり」では、学校が受付になるので外観だけでも見て頂けます。

廊下の曲がり角の面取りしているところが好きですね。角を一部切ることで、壁に隠れて見えない向こうからやって来る人に早く気づくことができるデザインに子どもへの配慮を感じます。実際に来て見て感じたら、やはりすごいですね。来るたびに発見があります。今は少子化で、この地域でも子どもが減っていますけれども、現役の小学校として何とか残していきたいです。

人をどう育てるか、人に対してどう優しいか、人がそこにいて楽しくなったり嬉しくなったり、明るくて朗らかな生活ができる、そういった人を包む建築が名建築だと思います。建っているだけでは、名建築ではないのです。

時代は繰り返していきます。この建築が建った時代から巡ってきて、またこの建築が見直される、木造モダニズムのよさが求められる時代が来ると思うのです。

ここは気持ちよいし楽しいし明るくなれる。そういうものが望まれ、時代がこの建築を選ぶ、未来に受け入れられる時代が来ると思います。

カトリック目黒教会（聖アンセルモ教会）28

カトリック目黒教会 広報

設計：アントニン・レーモンド　竣工年：1956 年　所在地：東京都品川区
構造：RC 造地上 2 階　建築面積：約 580㎡　延床面積：約 835㎡

左：中庭から南側外観を見る。右が旧幼稚園　右：外観。西面に十字架が見える
右頁：聖堂内。十字架の前に立つ主任司祭を中心に行われる信者が集まるミサの様子

祈りにふさわしい場を保ち続けることで建築も美しくあり続けている

どんな建築でも、それが建った背景には人々の大変な努力があります。ですから、まず、その建築が建った目的と実現までの葛藤を十分に理解し、その建築に対し十分な手当てをしていくのが所有者の役目でしょう。

目黒教会は終戦直後の1947年に、工場の建物を用いて発足しました。しかし、古い木造の建物で、近くを電車が通るたびにガタガタと揺れ、安全面からも早急な建て直しが必要でした。当時、目黒教会は世界的に有名なベネディクト修道会のセントジョーンズ修道院（アメリカ）が管理していました。

教会堂を建てる以上は、まず完全な祈りの場、神を讃える場でなければなりませんでした。また、その地域の人たちにとって誇れるものであり、敗戦で打ちのめされたとはいえ、伝統と文化をもつ日本と世界をつなぐものであってほしいと考え、戦前から長く日本に暮らし日本文化にも詳しいアントニン・レーモンドに設計を依頼しました。

当時、設計にあたり目黒教会の責任者であったヒルデブランド神父は、

典礼（古から伝わる教会の規範）を守るため、レーモンドと激しく議論を重ねたそうです。この教会堂は、典礼に従いながらも日本の建築上の発想を活かしています。たとえば、光と影に見られる文化も取り入れているなど60年前の意図が現代でも通用しているのです。

教会は祈りの場です。神様はみながともに心を合わせて祈ることを好まれますから、人々は日曜日に集まり祈るのです。一方、各個人が一人静かに神様の前で自分の心を開くこともお望みです。そのため、どなたでも自由に入って祈ることができるよう、教会は朝から夜まで開門されています。そして誰でもご自由にお入りになって心を落ち着けて頂きたいと思います。そし

左：入口左手にある洗礼室　右：祭壇側から二階のパイプオルガンとステンドグラスが見える
右頁上：三角形の柱と梁を見る　右頁下：祭壇。十字架、金色の天蓋などが見える

て教会内では静粛にして頂くようお願いしています。もう少し教会のことを聞いてみたいと思われたら、入門講座や日曜日のミサにいらして、説教を聞いたり雰囲気を感じて頂くのもよいかと思います。

この建築はあくまでも教会堂としての使命を優先しており、それが取りも直さずこの建築物を末永く大事にしていこうという意志につながっています。維持にはもちろん苦労を伴いますが、祈りの場が素晴らしい建築であることを私たちは日々嬉しく思っています。

鉄筋コンクリートの建築が60年やそこらで潰れるとしたら材料工法に問題があるわけですし、使用目的が時代に合わなければ取り壊すこともあるでしょう。幸い、この建物の構造は今でもしっかりしていますし、使用目的も現状に即したものですから、ここが存在し続けているのは当然のことです。

建築物はその土地で本来の役目を果たしていることが大切です。もっとも世間には本来の役目を果たしていない名建築もたくさん残っているようです。現役の教会堂としての維持が大事であり、そのための財政問題は常にあります。今後、修理をするときには、レーモンドの設計思想に十分な配慮をして行うべきであると考えています。ここはこのまま現役で使われるかたちで残っていきます。はっきりとした存続理由と思想を持った建築が未来に残っていくのでしょう。

国際文化会館 29

芦葉宗近　Munechika Ashiba
（公益財団法人 国際文化会館 理事長補佐）

設計：東館 前川國男＋坂倉準三＋吉村順三、西館 前川國男 / 改修 三菱地所設計
竣工年：東館 1955 年、西館 1976 年 / 改修 2006 年　所在地：東京都港区
構造：RC造地上3階、地下1階、塔屋2階 / 改修 RC造＋S造＋SRC造、地上4階、地下2階、塔屋1階
建築面積：594.88 坪 / 1,966.55㎡　延床面積：2,033.67 坪 / 6,722.916㎡

左：東館地下１階に増築された「岩崎小彌太記念ホール」　右：１階、庭が背景のロビー
右頁：西館２階からの眺め。地形を活かした庭園と一体感がある東館。地下１階から庭に出る

外部からの働きかけにオーナーが応じ、庭園と調和のとれた建築の保存・再生が実現した

海外からも高い評価を戴いている建築を所有するということは名誉なことですが、ソフトが充実しているからこそ、ハードとしての建築が魅力的になると考えています。財団法人国際文化会館はロックフェラー財団をはじめ国内外の多くの方々の支援によって、１９５２年に設立しました。１９５５年にこの地に建物が竣工して以来、戦後の日本が平和文化国家として発展するための、国際的な知的交流の場として、研究者等にご利用頂いています。海外から来られる方の「A home away from home」として、国際的な文化交流の拠点であり続けられるよう、私どもは努力しております。

国際文化会館が建つこの地は、明治時代は井上馨邸、大正から昭和にかけては岩崎小彌太邸が建っていた多くの歴史をもつ敷地であり、庭園は京都の作庭家７代目小川治兵衛が手がけたもので、建築と庭園を一つの空間としてとらえて維持していくことを心がけております。

１９５５年の竣工以来、増改築は行ってきたのですが、建物の老朽化と

ともに利用者が減少し財政状況が悪化しました。そのため、2004年に一度は建て替えを決めました。
しかし、多くの団体や人々から保存を望む声があがり、日本建築学会からは保存要望書が出されました。これに当時の理事長が庭園を残した再生案を提案してほしいと回答し、それに応えた提案をして頂いたことがきっかけとなり2006年に再生することとなりました。
庭園と外観はできる限りそのままに、耐震工事を行い、地下に2層吹き抜けのホールを新たに設けています。また、客室も内部は全面的に改修し、全室にバス・トイレを設け、各階へのエレベーターも新設しました。ヒノキの窓枠を再利用しつつ、遮音性、気密性に優れた二重ガラスを採用して機能性を向上させました。

左：庭園に面する「レストランSAKURA」。屋上にも緑が　右：東館の中央にある階段
右頁上：東館、庭に面する客室　右頁下：客室前の通路。木枠の窓が連なる

東京・六本木の敷地で建物を維持していくことは大変難しいですが、だからこそ健全な運営基盤の確立を日々努力しなければいけません。名建築として評価されることで見学者の方も多く訪れますが、ほかの利用者の方へご配慮しながら、見学を兼ねたレストランやティーラウンジの利用など、建物の存続に見学者の方も一役買って頂ければと思っています。週末にはホールや庭園を使った結婚式でにぎわっています。

地形を巧みに利用した昭和のモダニズム建築と日本庭園のハーモニーは、庭から眺めても、また建物内からヒノキの窓枠の大きなガラス窓越しに眺めても心が安らぎます。会館の再生時にヒノキの窓枠を残すことが大変な難工事であったことを目の当たりにしたので、より一層そう思うのかもしれません。

そして、外壁と内壁に使われている大谷石は竣工時の1955年、増築時の1975年、そして再生時の2006年の3代にわたって巧みに積み上げられ、建物の全体的な印象を明るくしているように感じます。

日々多くの人々に利用されるなかで、それぞれの想いが蓄積されて、またそこに行きたい、未来に受け継いでいってほしいと思われること。それも名建築の一つのあり方なのではないでしょうか。

さまざまな活動を継続的に行い、より国際的に貢献していくことで交流の場としての機能が充実してこそ、人々の心に響く建築としての価値もまた高まり、当館の未来への礎になるものと考えています。

誤解を恐れずにいうと、私はすべての建築が残るべきではないと考えている。我々の社会においてはある程度の新陳代謝が必要である。この新陳代謝がなければ、社会は固定化され、活力を失ってしまうであろう。とはいっても急激に変化し続けることがよいとも思わない。次から次へと変化するということは、その社会や文化が十分に熟成されていないということでもある。何事もバランスが大事なのだ。

我々は近代以降経済的合理性を目指して脇目もふらず走り続けてきた。そうしなければならなかった状況は理解できるが、このあたりでもう一度自分を振り返り、経済性を越えた充足を考えてもよいのではないかと思う。

何ものかに愛着を抱くということは、人間の自然な感情であり、これを維持したいという思いは、取りも直さず自分を成り立たせているもの、自分のアイデンティティを維持したいという意思の表れに他ならない。すなわち、これがなければ、自分の立つ位置がわからず、自分自身がわからず、ただ刺激に反応するだけの存在だけになってしまう、というのは言い過ぎであろうか。自分を成り立たせているもの、そのもとになる多くは今まで生きてきた経験である。特に場所の記憶というものは、自身の経験を紡ぎ出す上で重要な鍵であり、建築はその上で重要な役割を果たしている。そのため、建築を残したいという意思は、自分自身と自分を取り囲む社会を残したいということであろう。言いかえれば自身の形成に深く関わった建築に愛着をもち、残したいと考えるのだと思う。

ではどのような建築が残るのであろうか。本書は、一般社団法人日本建築学会の『建築雑誌』で4年間にわたり連載された「未来にココがあってほしいから」が基となっている。よくよく考えてみれば、この言葉自体、かなり連載担当者のエゴを含んでいる。ただ私はエゴが悪いと言う気は毛頭ない。自分自身がよいと思うものを他人に与えたい、共有したいというエゴは、社会を形成する原動力だからだ。

結局、この思い入れが強いものが残るのであろう。オーナーや利用者が愛着をもち、さらにその周囲にその価値を説得できたものが残るのだと思う。ここでいう価値とは、経済的な価値のみではなく、建築を通じての経験や記憶に深く関係しており、積極的に建築に関わることでさらにその価値を強化することができる。それに失敗したものはいかに名建築といわれていても消失することになるのだと思う。そういう意味で、ここに取り上げられた名建築たちは、そのような愛着によって育まれてきたと同時に、これから未来に残っていくための試練に立たされているともいえる。今後どれだけの建築が残っていくのであろうか。本書によって読者がこれらの建築のもつ価値を追体験し、共有することを切に願う。

（大岡龍三）

北九州市立戸畑図書館 30

北橋健治　Kenji Kitahashi

（北九州市長）

設計：福岡県営繕課 / 改修 青木茂建築工房＋金箱構造設計事務所
竣工年 :1933 年 / 改修 2014 年　所在地：福岡県北九州市
構造：RC 造地上３階、地下１階、塔屋３階 / 改修 RC 造地上３階、地下１階、塔屋３階（補強フレーム S 造）
建築面積：約 1,000㎡ / 1,076.76㎡　延床面積：約 2,800㎡ / 2,889.66㎡

左・右：間仕切り壁を撤去した開放的な図書室
右頁：竣工時の外観をほぼ残している

市民に愛されてきたランドマークが市民の想いとともに高い技術で再生された

名建築を所有するというのは、単に建物を所有することではなく、建物は市民の誇りであり人々の想いが込められているので大事にしようということだと思います。昔の建築は重厚な外観をもち、エレガントで実に美しく、今見ても往時にタイムスリップしたような感覚になります。

この建物は、1934年に旧戸畑市役所としてスタートしました。1963年に5市合併で北九州市が生まれるわけですが、その後も戸畑区役所として2006年まで使用され、市民にとって大変愛着のある建物です。そして、2014年に図書館として再生されています。

1997年に戸畑区の代表約140人が戸畑区のまちづくりについて議論を行いました。その中で、戸畑区は九州工業大学などの学校がある文教地区で、シンボリックな文化施設として、旧戸畑区役所を図書館として利用する可能性を調査・検討することが提言されました。

ところが、多くの耐震壁を設けないと外観の保存ができず、耐震壁を設けると図書館としての使い勝手が悪くなり、さらに改修コストが非常に高

くなる課題が調査で明らかになりました。そのため、いったんは図書館の利用を断念した経緯がありました。

その後、2007年に私が市長に着任した後、2010年に新しい工法でコストも縮減できる技術があることを市役所の建築技術担当部署から報告を受け、改修をスタートできました。たくさんの方々の「この建物を文化施設として残したい」という熱い想いが、建物を残すきっかけになりました。

戸畑図書館は、いつ行っても子どもからお年寄りまでたくさんの方がいて、とても愛されている存在です。夏の夜に戸畑祇園大山笠の競演会が目の前で行われるのですが、暗い夜空にピラミッド状の光の提灯山と一緒に浮かび上がるのがこの建物になります。世界に誇れるランドスケープで、美しさと同時に長い間市民に親しまれてきた歴史があります。

外観の美しさだけではなく、内部の改修が素晴らしいです。新技術を駆使した耐震補強のためのアーチフレームは大変人気があります。1930年代に流行したアールデコ調のデザインが、図書館にふさわしいアカデミックな雰囲気とマッチしました。新技術が私たちに新たな魅力を見せてくれています。

市の公共施設は十数年後に一斉に更新の時期を迎えますが、すべてを残そうとすると莫大なコストがかかります。大事に残すものとそうではないものに分ける、辛い選択と集中の仕事が待っています。本市が持っている

左：２階からエントランス吹抜けと補強アーチを見る　右：増築された床を撤去した大空間の図書室
右頁：１階「こども図書室」。右奥は親子で絵本を読むことができるスペース

建物の中には、歴史的な建造物も含まれ、それらは本市の文化や歴史を考える上で極めて重要な資産です。

たとえば、門司港レトロや若松海岸にある旧古河鉱業若松ビルについては、まちづくりの資源として大事に保存しています。ただし、すべての歴史的建造物を保存することは難しく、個々の建築物をどのようにするかは市民の率直なご意見を聞きながら、総量抑制という公共施設マネジメントの大きな方針に基づいて、さまざまな視点から総合的に判断をしていきます。税金をかけて保存する以上、ただ美しいとか歴史的なものだから保存するというのは難しいことです。市民のために、目的をもって活用しないといけません。

この建物は市民から長く愛され、単に眺めるだけでなく、市民が身近に感じていつも利用できる図書館にしてほしいという市民の強い要望から再生されました。地域の活動拠点として、子どもの読書活動を重視して推進しており、生涯学習や市民の学びの場所などの、まちづくりの面からも活用していきたいと考えています。

２０１６年には戸畑祇園大山笠がユネスコの無形文化遺産に選ばれました。２１０年を超える歴史をもつ大山笠の競演会会場に面し、雄大な姿をずっと見てきたこの建物を、北九州市の代表的な美しいランドスケープとして末永く残していきたいと思っています。

大阪ガスビルディング 31

伊藤俊志　Shunji Itoh
（大阪ガス都市開発株式会社
技術管理部 建築グループ 部長）

丸尾恭造　Kyozo Maruo
（大阪ガス都市開発株式会社
賃貸事業部 営業部
オフィス・商業グループマネージャー）

設計：南館 安井武雄、北館 安井建築設計事務所（佐野正一）
竣工年：南館 1933 年、北館 1966 年　所在地：大阪府大阪市
構造：SRC 造地上 8 階、地下 3 階、塔屋 4 階　建築面積：4,484.20㎡　延床面積：46,864.88㎡

左：竣工時からある南館８階の「ガスビル食堂」　右：歩道と並行にあるコロネード（柱廊）
右頁：御堂筋沿いに建つ。南館の右側に北館が増築された

人々から愛され、景観を形成しているという誇りを持ちながら維持している

丸尾　南館は大阪ガスの所有でしたが、大阪ガス都市開発の前身である大阪ガスビルディングがその所有を譲り受け、北館を増築し、現在のガスビル（大阪ガスビルディングの通称）を完成させました。それを引き継いだ弊社が、現在は土地、建物ともに所有しています。今は主に大阪ガスの本社事務所として使用しています。

伊藤　名建築を所有することは、愛情と興味がないとできないと思いますね。ここは複数保有しているオフィスビルの一つですが、年数を経ている建物ですから手間がかかります。また、自分たちのものというだけではなく、我々以上に愛着をもっておられる方がいる事実を忘れてはいけないですね。

丸尾　ほかのビルと比べて、より責任が必要かと感じています。よく見学のご希望を頂きますし、大阪市で年に1回開催する「生きた建築ミュージアムフェスティバル」の一般開放の際には、関東などの遠方からいらっしゃる方がいます。

地域のご高齢の女性から「若いころ、ここにあった講演場によく来ていたけれど、今日は何十年ぶりに来た」といった話を聞くと、私たちが知らないところでみなさまの愛着を感じます。

伊藤　南館は80年、北館も50年経っていて、大阪御堂筋の景観をつくっていますから、その景観を守るのが使命だと思っています。２００４年に外壁のタイルの張り替えをする際、もとの意匠を変えずに、なおかつタイルが落下しないように安全性を確保することを念頭に置いて、素材と工法の選定をしました。

丸尾　築年数は経っていますが、中に入ると普通のオフィス空間です。共用部の清掃を毎日していて床タイルはいつもピカピカにしています。

ところが、老朽化による不具合は年をとるごとに発生しますから、何らかのメンテナンス工事を毎週末やっています。外壁や共用部の床・壁には今では手に入らないような大理石を使っているのですが、これが割れたときの補修工事などは苦労します。

伊藤　ガスビルの保有地開発から始まったこともあり、企業のＤＮＡとして建物を大事に使う発想があります。たとえば、新築物件をつくる際、10年くらいで陳腐化するものではなく、街並みに溶け込んで経年して味が出るものをつくるべきだろうという感覚はあります。

また、ガスビルという古い建物の管理や改修をしていくなかで得られる知見は大きいです。ほかのオフィスビルを改修する際にノウハウが使えま

左：西面外観を見る　右：南館の階段
右頁：南館のエレベーターホール。奥が北館

すし、若い社員にとっては学ぶべきところがたくさんあるので、有形無形の財産です。

私はこの建物のフォルムが好きですね。庇の出や曲線の使い方とか、唯一無二のフォルムだと感じます。個性がありますね。

丸尾　私はどっしりしたところが好きですね。ワンフロアの貸し床が1000坪を超えるオフィスビルは西日本ではほとんど見られない大きさです。1階のエレベーターホールも広く、特に南玄関から見たときに、南北につながっているあの景色が好きです。増築したとは思えないくらい、上手くつないでいますね。

伊藤　我々だけでなくこの建物に愛着をもって頂いている方々はたくさんおられます。一方でガス供給事業という社会基盤を支える企業の中核施設でもあります。街並みの景観を守ることも大切ですし、みなさまの生活や企業活動を支えることも重要です。セキュリティやBCP[*1]の重要性が高まるなかで、さまざまなことを考える必要があると思います。

丸尾　いつかはこの建物の寿命がきて、維持することができないことがあるかもしれません。ですが、ファンでいてくださる方や愛情をもってくださる方のためにも可能な限りみなさまに愛されるガスビルを維持させていきたいと思います。

＊1　BCP：Business Continuity Planning の略称で事業継続計画のこと。災害などの緊急事態が発生したときに、企業が損害を最小限に抑え事業の継続や復旧を図るための計画。

JPタワー・KITTE（旧東京中央郵便局） 32

野村 洋　Hiroshi Nomura
（日本郵便株式会社 本社 不動産部 部長）

設計：吉田鉄郎（逓信省営繕課）*/ 改修 株式会社三菱地所設計＋隈研吾建築都市設計事務所
竣工年：1931 年 * / 改修 2012 年　所在地：東京都千代田区
構造：SRC 造地上 5 階、地下 1 階 * / 改修 S 造＋ SRC 造地上 38 階、地下 4 階
建築面積：7,253.43㎡ * / 改修 8,491.11㎡　延床面積：36,479.11㎡ * / 改修 212,043.05㎡
（＊旧東京中央郵便局新築工事時）

左：４階、旧東京中央郵便局長室。窓から東京駅が見える　右：３階、KITTEアトリウムを見る
右頁：外観。東京駅に面した保存部分を使う商業施設KITTE（JPタワーの低層部）

新旧の建築が結びつくことで人を惹きつける新たな空間が生まれた

日本建築学会やDOCOMOMO Japanから旧東京中央郵便局舎の保存要望書がきていましたし、歴史家の方々の丸ごと残すことの歴史的な価値と、事業性と経済合理性との葛藤がありました。ここは旧東京中央郵便局舎の外壁表面から奥行き2スパン、東京駅に面した部分を残しました。

もとの建物によってある程度空間が規定されたことで、新しい建物だけではできなかったよい効果を得ました。古い建物を上手く使い新たな空間をつくっていることに感銘を受けた方々からお呼びを受けて今は海外でも話をすることがあります。いろいろな方にインパクトを与えているのは建物の力だと思います。

昭和58年以前は鉄道を使って郵便を運んでいました。当時は東海道線でいえば下りの先頭車輛が郵便車で、主要駅の郵便車近くに大きな郵便局を建てたのが原点です。地下で東京駅とつながるトロッコ電車も走っていました。当時の中央郵便局はすべての業務の中核的存在で、駅前にある程度の規模をもつ必要がありました。今はトラック輸送に変わりましたので、

必ずしも駅前に大型の郵便局がある必要はなく窓口だけ残しました。

31mの高さで建物をセットバック[*1]させる丸の内のエリアコードもあって、低層部の外観はもとのまま残そうというのがそもそもの考え方です。東側ブロックも保存すると決めた後の最大の工夫は免震と曳屋[*2]でしょうね。もとのまま免震にすると敷地境界線の外に構造体が出てしまうので、そのブロックを0・9度回転させる曳屋をしました。

二つ目は、保存に際しなるべくオリジナルを活かそうとしたことです。たとえばぼろぼろのサッシは同じ形になるようステンレスとアルミでつくり直しています。採用できたのはわずか数%でしたが、外壁のタイルも一つずつ取り外して手作業で洗浄し、再利用しています。三つ目は、同じように見える外壁の白タイルです。実はこれには4種類あって、もともとのタイルの釉薬まで調べて復元し、新たに張っています。

JPタワーでは、都市再生特別地区の容積緩和を使い、地下広場やミュージアムの整備などの公共貢献要素を評価して頂き、JR東京駅からの容積移転と合わせて基準容積1300%から1630%になりました。

低層部の商業施設のKITTE《きって》には白いスケルトンの中に各々のお店が工夫を凝らしたファサード[*3]がはめ込まれ、厳格なフレームとお店の個性の二重構造になりました。加えて、通常、商業建築は日差しを嫌う店舗もあるため窓をあまり設けないのですが、ここでは保存した大きな窓を活かし、その向こうにレンガの東京駅が見える三重構造になっています。「風景」

左：外壁タイルを意識した階段のインテリア　右：アトリウムでさまざまなイベントが行われにぎわう
右頁：アトリウムに面して既存の八角形の柱と床・壁が残されている

が重なることによって新たな空間ができ、新しい価値をつくったと思います。アトリウムのガラスの手摺に張った細い反射材に古い建物を映り込ませて歴史を意識させるデザインや、床面にある八角形の空調の吹出し口はもとの柱があった場所ですから、かつての建物のボリュームを感じられるようになっています。

大きなアトリウムはエネルギー的に大きなコストになっていますが、穏やかに旧建物の記憶を残したユニークな空間を活用し、いろいろなイベントをしてみなさんに楽しんでもらえています。3年間連続で年間約2300万人のお客様に来て頂いていますし、KITTEの売上げも3年続けて前年よりもプラスです。空間の価値がリピーターを呼んでいると思います。

100年後もここに建っていてほしいですし、できれば今のテナントさんもみんな一緒に歳をとって、このにぎわいが100年続いてほしいですね。不動産事業は建てて開発するのは一瞬ですけれども、50年、100年続けることの方が大事だと思っています。

社会の変化に応じて変幻自在に変わりつつ、もとの魅力が残っているのが名建築だと思います。ここは郵便局として懐が深く、階高も高くて豊かな空間だったから80年使われてきたし、その後も道がつながったと思います。

＊1　セットバック：建物の上層を下層よりも後退させ、外観が階段状になっているもの。
＊2　曳屋：建物を解体せずにそのままの状態で曳いてほかの場所に移すこと。
＊3　ファサード：街路や広場などに面する建物の正面部分や表面。

自由学園 南沢キャンパス 33

高橋和也　Kazuya Takahashi
（学校法人自由学園 学園長）

設計：遠藤新、他　竣工年：初等部 1930・1931 年、女子部 1934 年、男子部 1935・1936 年、他
所在地：東京都東久留米市　構造：木造平屋一部 2 階、他
建築面積：初等部 1,066.41㎡、女子部 2,578.60㎡、男子部 1,196.64㎡、他
延床面積：初等部 1,046.53㎡、女子部 2,459.66㎡、男子部 1,133.78㎡、他
（※面積は遠藤新設計の建築物についてのみ記載）

左：全景。左手前に初等部、左奥に女子部、右奥に男子部などが見える　右：初等部１年生の教室
右頁：初等部の食堂。生徒と先生が同じテーブルに着き、食事をともにする

学校内のすべての人が自然と維持に携わり人と建築の理想的な関係が生まれ続けている

名建築を所有するというのは、一つは文化的価値を維持して伝えていく責任があるということです。いくつかの建物が東京都の歴史的建造物になっているように、ここは私たちの財産ではなく文化としての財産です。もう一つは、教育のためのツールであり生活の場なので、生徒たち自身が大事に管理していくということです。誰かが管理している名建築の中でお客さんとして使うのではなく、自分たちで管理することで後々の誇りにつながりますし、そのなかで美的感覚を知らないうちに身につけるという教育的価値があります。

統一された美しさをもった環境で育つと、自然にそれが感覚として身につくと思うのですね。ただのマッチ箱のような教室ではなく、フランク・ロイド・ライトが「自由な精神を込めた」という意匠に子どもたちが触れられるのは嬉しいことです。校内には４０００本の樹木がありますが、教育環境として恵まれた自然、美しい建築のなかで生活するということは、それがその人が物事を感じとる当たり前の価値基準になるということです。

この美しい環境を当たり前として育った子は、そうではないものに対して違和感をもちます。住環境は、長期にわたって人を育てる土台ですから、その価値は本当に大きいですね。

幼稚園から大学まで一貫して「自分たちのことは自分たちでする」と考え、社会をつくっていく力を実地に学んでいます。そのなかの一つが建物の管理です。自分たちが汚したら自分たちで掃除しようと自然に思うので、建物の管理が取り立てて特別なことではなく、生活のなかに入っています。

また、自分の家のように自分たちで掃除や管理をすると、自然に「自分の学校」という自覚をもつようになります。キャンパスマネジメント本部という組織が学校内の修理や営繕を一括して行い、大人が長い時間見ていくことと、生徒が一年計画で関わる部分の両方で管理を行っています。

食堂を中心として、みんなが一堂に会してごはんを食べることが教育のなかで大事だと考えています。温かい家庭のような学校をつくりたいという創立者の想いから、冷たいお弁当ではなく、家庭のような手づくりの昼食を学校で出すのが創立以来の実践です。フランク・ロイド・ライトが最

左：男子部の体操館。庭に面して天井が高くなっている　右：庭に面する女子部の食堂
右頁上：女子部、校舎の中庭　右頁下：子どもたちが毎日掃除をしている初等部の廊下

初の校舎（東京・目白にある明日館《みょうにちかん》）を建築したときに、その想いを汲んで校舎の中心が食堂になりました。生徒や保護者の方たちによる手づくりの昼食を生徒も先生も同じテーブルを囲んで頂きます。

今、このような校舎をつくることは非常に難しいでしょう。歴史的でありながら、今も新しく優れた美しい建築であるし、食堂を中心とする思想性も表れています。修理をしながら使うことに価値があり、みんなが大事にしてきたことがぬくもりになっている気がします。卒業して何年も経った人たちが、正門をくぐると自分たちがいた時間に帰ってきた気がするのは、自分たちが手をかけて大事にしてきたからではないでしょうか。

創立者は「校舎はただの箱で、木と土でつくっているのは常に時代のニーズに応えてつくり直していくためだ」と言っています。未来永劫残すことを願っていたわけではなく、新しく創造していくことの方が大事だと考えていました。けれど「では、建て直しましょう」とはいかない歴史と価値があります。

95年の歴史があると形を残すことや伝統を守ることで教育が成り立ってしまう錯覚に陥ります。しかし、生徒たちの社会をつくる創造性を育てたいならば、学校も創造的であることが必要なのです。形を残すことも大事ですが、創立者がこの形に込めた精神を汲み取って進むことの方が大事です。

そういう意味では、カリキュラムを変えるよりもはるかに大きな影響を与える建築がどうあるべきかを考えるのは難しいですね。

旧観慶丸商店 34

亀山 紘 Hiroshi Kameyama
（石巻市長）

設計：不明　竣工年：1930 年 / 改修 2017 年　所在地：宮城県石巻市
構造：木造地上 3 階 / 改修 鉄骨で補強　建築面積：292.08㎡　延床面積：788.43㎡

左：1階の「文化交流スペース」　右：1階、改修中の様子。鉄骨で補強されている
右頁：改修中の外観。1階の壁や建具は津波で流された。低い屋根の3階右側が旧食堂

東日本大震災によって多くが失われたなか市民の記憶としてまちのアイデンティティを伝える

この建物は石巻市にとっては、数少ない貴重なものです。建物を通じて歴史を知り、石巻市のアイデンティティについて考え、それを伝えていくことができるからです。見て楽しむだけではなく、市民のコミュニティの形成の場として利用し、市民の憩いの場、あるいは歴史を語り継ぐ場として大切にしていくことが必要だと思っています。

2011年の東日本大震災では、地震には耐えましたが津波による2m程度の浸水があり、1階はかなりの被害を受けました。川を遡上してくる津波と海岸から押し寄せた津波が、南側にある日和山によって勢いが弱まり、建物が残りました。

2013年に、もとの所有者の方から石巻市に建物を寄贈頂いて、そこからどう活用していくかという話になりました。石巻市指定文化財に指定し、修理した上で文化財として丁寧に使いつつ、市民をはじめ、多くの人たちに利用してもらえるように考えています。

1930年から目抜き通りに面した交差点の角にありますので、多くの

方に親しまれてきました。特に、私よりも年上の方々にとっては、石巻で唯一の百貨店として親しまれてきました。3階にあった食堂でコーヒーを飲んだり、カレーを食べたり、市民にとっては思い出深い建物ですね。

昔の石巻には高い建物がなかったので、3階に上ると川も見えますし、まち全体が見渡せます。私にとっても思い出の場所です。また、木造でありながら西洋風の建物というところを含めて、建物全体が好きです。小さいころから見ている建物ですので、「ずっと残っているとよいな」と見てきましたし、今は「何とか残していきたい」と思うようになりました。

耐震改修工事を終える2017年の春からは、1階は文化交流スペースとして市民の活動に使って頂きたいと思います。2020年度に新しい複合文化施設が石巻市に完成しますが、2階はそのサテライトとして、市民のみなさんが文化財に触れる場所にしていきます。今の建築基準法には合わないので、3階の常時利用はできませんが、できるだけ利用していきたいですね。

石巻は水産都市として栄えたまちです。その歴史を伝える非常に重要な建物ですので、ここを拠点にしてにぎわいを取り戻していきたいと思っています。「旧観慶丸商店」とこれから復原する「旧ハリストス正教会教会堂」は歴史を伝える場所、そして「石ノ森萬画館」を合わせ、震災後のにぎわいを取り戻す場所として利用していきたいと考えています。

老朽化で雨漏りなどによって腐朽がありますし、瓦やタイルの劣化が起

左：３階の旧食堂。三方の窓から景色がよく見える　右：３階、高い天井と白い既存柱が目立つ
右頁：１階、改修後に行われた「Reborn-Art Festival 2017」の様子

こっているので修復に取り組んでいます。石巻は江戸時代から栄えたまちですが、残念ながら昔の貴重な建物が解体されてきました。

石巻市指定文化財に指定しただけではなく、どのように残していくか、次世代につないでいくかが大事です。いろいろな課題はありますが、これからはしっかりと残していくためにも、「ああ、この建物は石巻にとって貴重だ」と思えるように、市民のみなさんに積極的に使ってもらうことが必要です。

建物がそのまちでどのような位置付けだったのか、建物を介してのそのまちの歴史を知ることが大事だと思います。建物自体の価値だけではなく、時代とともにまちとともに歩んだ歴史あるものが、名建築だと思いますね。

私どもとしては貴重な建築物を市民のみなさんと共有するかたちで活用していきたいと思っています。将来の人の育成に貢献していく場になれば素晴らしいですね。石巻に住んでいる人たちが、石巻に魅力を感じることが、石巻の発展には重要なことですので、魅力発見の場にしていきたいと思います。

芝川ビル 35

芝川能一 Yoshikazu Shibakawa
（千島土地株式会社 代表取締役社長）

星野幸世 Sachiyo Hoshino
（千島土地株式会社
地域創生・社会貢献事業部 不動産事業部 部長）

設計：澁谷五郎＋本間乙彦　竣工年：1927 年　所在地：大阪府大阪市
構造：RC 造地上 4 階、地下 1 階　建築面積：349.42㎡　延床面積：約 1,626㎡

左：３階廊下　右：エントランス。右手にもとに戻された真鍮製の銘板が見える
右頁：レリーフが特徴的な外観。左から１階店舗へ、右から地下店舗へ行くこともできる

船場近代建築ブランドを創出し オーナー同士のつながりを深めている

芝川　芝川ビルは明治45年に株式会社として設立された千島土地株式会社のグループ会社の百又株式会社が所有しています。

僕が会社にきて20年ほど経った２００５年に、近代建築のオーナーたちが集まる「大大阪サロン 近代建築オーナーサミット」というイベントで、ほかのオーナーの方々の建物への想いの強さにいたく感銘を受けました。当時の芝川ビルは担当者任せで、稼働率を上げるために来る者は拒まずのまさしく雑居ビル。

２００６年の「船場建築祭」では、ｇｒａｆの服部滋樹君が「伏見ビルは、女性的な雰囲気がある」とビルが女性オーナーであることを敏感に感じ取ってインスタレーションをされたのですが、当時の芝川ビルは無個性で無味乾燥なビルでした。この二つがきっかけとなって、芝川ビルを再活性化しようと自ら本格的に乗り出し始めたのです。

２００７年から、屋上の増築部分を撤去しテラスに戻し、ポルティコ[*1]や照明器具も復元し、２００９年には大阪市のＨＯＰＥゾーン事業の助成を

受けて、正面のレリーフを復元改修しました。芝川ビルは図面や写真といった古い資料が残っているので、できるだけ原型に戻していこうという試みです。戦争の金属類回収令の徴収を免れた真鍮の銘板が2013年に出てきたので、1階玄関ホールのもとの場所に取り付けました。雨漏りするようになったので、2015年には防水工事とタイル工事をしましたが、タイルはオリジナルと同じ模様のものを探し、色も何度か焼き直して用意しました。

「オーセンティシティ、真実性が大事です」と建築家の髙岡伸一君から言われたけれど、そういう言葉は知らずに、図らずも実行していました。

「芝川ビルは色気がある」と言われたことがあります。担当の星野幸世君がすべてのテナントを女性目線で選んでいることが全体の力となっているのです。

星野　テナントさんから入居希望の方をご紹介頂いたこともありました。もともといた事務所テナントの方に「芝川ビルを事務所ビルから店舗に変え多くの人に気軽に訪れてもらえるビルにしたいのです」と言うと、「芝川ビルがよくなっていくのであれば」と隣の新芝川ビルに移ってくれました。

4階をテラスに戻し、レンタルスペースとしたので、イベントなどの一時的な家賃収入となり、ビル自体の賃貸面積は少なくなりましたが、全体的な坪単価が上がり、賃貸収入も上がりました。ウエディングドレスのお店は、普通よりも少ないドレスのラインアップだけれど、「芝川ビルの雰

左：3階、階段　右：4階、ポルティコ
右頁：テラスからポルティコを見る

囲気で必ず決まる。不思議です」と言っていましたよ。

芝川　資料に基づいてもとの姿にすることはほとんどやりました。会社は当面安定しているので、建物は残るでしょう。

「船場近代建築ネットワーク」の点が線になり、面になってきているけれど、事務局を担っている星野君たちが数十年後にいなくなったら、今のままではこのネットワークは崩壊してしまいます。人的依存が大きくなっていることが課題です。

星野　芝川ビルは、会社が続く限り残り続けると思うけれど、現存している近代建築はそれぞれ事情が違いますので、すべて、同じかたちであり続けるのは難しいのではないかと考えます。

芝川　みなさん保存運動をするけれど、「こういう使い方をしたら収益がありますよ」とは言いません。どのように活用して収益を上げていくかを工夫していかないと難しいのではないかな。

「オープン・ハウス・ロンドン」にならって、大阪市と「生きた建築ミュージアム フェスティバル大阪」を2013年に始めました。2015年は80軒を超える建物を公開して外部からも多くの人が来ています。「子ども建築ツアー」もしていますが、見識がある人から説明してもらうことで何か得られるものがあれば、彼らが大人になる15年、20年先に何かのきっかけになるかもしれません。

＊1　ポルティコ：建物の柱列を伴って広がる屋根をもつ空間。

デザイン・クリエイティブセンター神戸（愛称 KIITO）

旧神戸市立生糸検査所〔旧館〕、旧国立生糸検査所〔新館〕

36

芹沢高志 Takashi Serizawa

（デザイン・クリエイティブセンター神戸センター長）

近藤健史 Kenji Kondo

（デザイン・クリエイティブセンター神戸マネージャー）

横山和人 Kazuto Yokoyama

（神戸市企画調整局デザイン都市推進部企画推進担当課長）

北川憲佑 Kensuke Kitagawa

（神戸市企画調整局デザイン都市推進部）

設計：旧館 神戸市営繕課、新館 置塩章　竣工年：旧館 1927 年、新館 1932 年　所在地：兵庫県神戸市
構造：旧館 RC 造地上 4 階、地下 1 階、新館 RC 造＋ S 造地上 4 階、地下 1 階
建築面積：旧館 870.95㎡、新館 4210.73㎡　延床面積：旧館 3,489㎡、新館 10,290㎡

左：新館１階にある「KIITO ホール」　右：全景。左手前長方形の建物が旧館、背後が新館
右頁：旧館１階にあるカフェ。生糸検査所時代の円筒形検査機器がテーブルに活用されている

建物をクリエイティブに使いこなす人々によって建物が生き長らえている

横山　名建築を所有するというのは、当時の人々と時間を共有することだと考えています。たとえば、マーブリングの施された手摺に手を添えるとき、何十年も前に同じ手摺に触れた人々と同じ感覚を追体験することができます。

近藤　建物がもつ記憶を引き継ぐように空間の活用を進めています。愛称がKIITO《きいと》であるのも旧生糸検査所の歴史を引き継いでいますし、検査機器を什器に活用するなどしてさまざまな人の営為を空間に取り込んでいます。神戸市に「景観形成重要建築物等」と指定され建築基準法の適用除外を受けて、当時の意匠を残すことができたと聞いています。

北川　建物の空気感を残すことと使い勝手の悪さを天秤に掛けたと聞いています。ホールの大空間に吸音材を入れなかったので音が反響しますし、あえて断熱材も空調も入れていないところがあるので暑いし寒いです。

芹沢　歴史的に意味ある建物だから残したいという話と神戸市がユネスコ創造都市ネットワークのデザイン都市に認定されてその拠点が必要だとい

う話が並行して進んでいました。競売にかけられ更地になる話もありましたが、「潰すにはもったいない建物だ」と神戸芸術工科大学学長の齊木崇人さんらが動かれて、ここを「デザイン都市・神戸」の創造と交流の拠点として活用して残せることになりました。

近藤　日本建築学会からも保存要望書が神戸市長宛に出されていますし、市民からも保存すべきという声が上がったと聞いています。

横山　当時、所有していた農林水産省の独立行政法人がこの建物を競売に出しました。神戸市が都市戦略として「デザイン都市」を打ち出したころで、齊木先生は2008年に「デザイン都市・神戸」のアドバイザリーボードに入り、その後、神戸市がユネスコのデザイン都市に認定されています。2009年に神戸市が保存活用する方針でこの建物を取得して、2012年にKIITOがオープンしました。

近藤　文化芸術施設の用途としてつくられていない古い建物を転用するなかで、「空間の活用方法も提案してください」という指定管理の要件もあって、ハードもソフトも余地が与えられていて使い甲斐があります。市民と一緒にカフェの床を張り替えるワークショップをしたりと、セルフ・ビルド・ワークショップで館内の未活用空間を整備する試みは、ここがつくられ過ぎていないからこそ可能でした。

横山　1995年の阪神・淡路大震災で、ここは地盤が不等沈下したため、床面が一部いびつになり、建物にヒビも入りました。高齢の方に震災

左：旧館、3階にあるレンタルスペース「303」 右：旧館2階、ゆるやかなカーブを描く階段
右頁：旧館、2階にあるライブラリー。かつて使われていた機器が什器に転用されている

の経験の記憶が強く残っていて、今でも地域活動に取り組んでいる方が多いです。KIITOで取り組む社会課題解決に対してのデザインからのアプローチは、震災を経験した人たちがいるからこそ導き出された手法かもしれません。

芹沢　KIITOでは、被災地でのクリエイティブ分野での支援活動のアーカイブ「阪神・淡路大震災＋クリエイティブタイムラインマッピングプロジェクト」に取り組んでいます。

大きな自然災害を受けたときにコミュニティや都市が対処すべき共通の課題が見えますし、クリエイティブな乗り越え方にはならうことがあります。震災を経験していない子どもたちに、どう伝えていくかもKIITOの大きな役割だと思います。「＋クリエイティブ」というコンセプトで行うKIITOの活動と建物の成立の仕方が非常によくかみ合っているので、建物がもつ間は発信し続けていきたいと思っています。

横山　保存や補修によって新しい命が吹き込まれた建物が建築当初とはまったく違う使われ方をして、今後もそれが続いていけばよいなと思います。

北菓楼札幌本館（旧北海道庁立図書館） 37

堀 安規良　Akira Hori
（株式会社北菓楼 代表取締役社長）

設計：萩原惇正 / 改修 基本デザイン 安藤忠雄建築研究所、設計・施工 竹中工務店
竣工年：1926 年 / 改修 2016 年　所在地：北海道札幌市
構造：レンガ造＋RC 造地上 6 階 / 改修 RC 造＋S 造＋SRC 造地上 4 階、地下 1 階
建築面積：約 382.16㎡ / 改修 537.32㎡　延床面積：約 1,200㎡ / 改修 1351.38㎡

左：２階から吹き抜けを見る　右：既存の階段
右頁：保存されたレンガ造の外観

市民に親しまれてきた建築が企業の想いと重なり新たな役目を得た

北菓楼を砂川で立ち上げて、２０１６年が25周年でした。札幌の路面店をつくりたいとずっと考えてきたなかで、小樽の北菓楼の建物の内装からご縁がある竹中工務店の方から、旧北海道庁立図書館が売り出される話を聞いたのです。

うちなんかが本当に買えるのかと思ったのですが、運よく取得することができました。結局、あそこを買おうと手を上げたのはうちだけだったのですよ。道庁さんの持ち物だったので、担保に入れてはいけないといった制約がありましたが、取得などにかかった10億円を銀行さんが貸してくださったのも大きかったです。いろいろな縁があって取得できたので、行くたびにいまだに不思議な感じがします。

安藤忠雄先生に、デザインをお願いできたらとお会いしに行ったところ、ゆっくり時間をかけてお話を聞いてくださいました。昔、昭和天皇が来られたときに北海道に庁立の図書館がないということで陛下から資金を頂戴して建てられた由緒ある建物であるとか、１４０年前の樹がまだ残ってい

るとか、そこでお茶を飲むたびに昔の人に思いをはせるような場所にしたいとお伝えしました。貴重な建築にして頂いたと安藤先生には本当に感謝しています。

始めてみると、継続していくことが非常に難しいことだなと思いました。収支があって、少しでも長く生かしていく。存続し守っていくためには、みなさまに来て頂くことが一番ですから、売上よりも来客数を増やしていきたいと思っています。そして収支が合うような段取りを考えていくことが大事だと思っています。

建物ができてから41年間は北海道庁立図書館でした。本を寄付したいというお申し出があるぐらい、札幌市民の方は建物に対する想い入れがあるのだと思います。今90歳の母も女学生時代にそこで勉強をしたそうです。

図書館の後は北海道立美術館などになりまして、ここ30年程は北海道立文書館別館として使われていました。中に入ることはできなかったので、市民の方は「ここは何だろう」と思いながら周りを歩いていたのではないでしょうか。

もとの建物をそのまま使いたかったのですが、当時の正確な図面や構造図もないため要綱の通り壊さざるを得ず、エレベーターは必要だというなかで、竹中工務店さんはよくやってくれたと思います。

外壁の調査で8ヶ月、取り壊しで8ヶ月、建てるのに8ヶ月、まるまる2年かけて改修した建物です。手間はかかってもこの建物をよい建物にす

左：１階ショップ。左はレンガの壁とそれを支える鉄筋コンクリートの柱と壁　右：２階カフェ
右頁：２階カフェから吹き抜けを挟んでレンガの壁を見る。壁面には本棚がある

るという心意気をもって取り組んで頂いたと思います。

我々がもっといろいろなことにチャレンジして、お客様が来て「お菓子を買うのだったらあそこで」という場所になることが大事だと思っています。お客様に「ああ、よい建物だね。ここだったら安心してお菓子を買えるね」と、我々の意識を感じてもらえるようにしていきたいですね。

時代とともにいろいろなことがあるなかで、現状のままどうやって残していくか。少なくともこれから50年、１００年と守っていく看板の店なので継続して、「あってよかった」という場所にしたいと思っています。

私は古い物を捨てられない、古い物を大切にする性格だから、ご縁であそこを買わせてもらうことができたのではと思っています。「堀さん、よい店をもっているね」と周りから言ってもらえる、自分たちが誇りをもてる場所になっていけばよいなと思っています。

工場は工場の機能があればよいと考えてきたものですが、安藤先生の著書を読み、お会いしていくなかで、建築に一番大事なのは人の出会いがある場所だと思うようになりました。建物を通じて、人の出会いがあって人の輪が広がるような場所がよい建築なのだろうなと思っています。

国立天文台 三鷹キャンパス 38

中桐正夫　Masao Nakagiri
(国立天文台 天文情報センター 特別客員研究員)

設計：東京帝国大学営繕課　竣工年：大赤道儀室 1926 年、太陽塔望遠鏡 1930 年、他
構造：大赤道儀室 RC 造地上 2 階ドーム付、太陽塔望遠鏡 RC 造地上 5 階、地下 1 階、他
所在地：東京都三鷹市　建築面積：大赤道儀室 238㎡、太陽塔望遠鏡 331㎡、他
延床面積：大赤道儀室 442㎡、太陽塔望遠鏡 350㎡、他

左：ゴーチェ子午環室を西から見る　右：同施設で最も古い（1921 年竣工）第一赤道儀室を見る
右頁：大赤道儀室（現天文台歴史館）では、床が上下に動き「65cm 屈折望遠鏡」で観測できた

人の手がかけられたことで、役目を終えても天体観測の歴史を伝える建築として活用されている

国立天文台は大学共同利用機関法人ですが、国からほぼ１００％の運営交付金を受けますから、所有者は国ですね。苦労は特に感じませんが、建物を朽ち果てないようにしないといけません。建物は人が使わなくなったら傷みます。見学の対象にして人を入れることがよいのかもしれません。天文台は宇宙を観測する建物ですから、空のあちらこちらに向ける望遠鏡のために屋根が３６０度回り開くユニークな建物です。望遠鏡が観測装置だけれども屋根を含めて装置ですね。

私が主にやってきたのは観測装置の開発です。ハワイの「すばる望遠鏡」にも携わりましたが、「すばる望遠鏡」は望遠鏡自体が６００トン近くあり、回転するドームは２０００トンあります。重い物が動くという意味では船と似ています。多くの場合、我々がドームと呼ぶ屋根は造船会社がつくります。

１９２４年に三鷹に移る前は、麻布に天文台がありました。麻布はもう夜間空が明るかったですし、敷地は約２５００坪しかなく、フランスから

買った「ゴーチェ子午環」は、南北に250m、東西に60mの敷地が必要で、広いところに移らなければいけませんでした。当時は東京帝国大学東京天文台ですから、設計は東京帝国大学の営繕課が行っています。

私はずっとここで働いていましたし、敷地内の官舎に20年間住んでいました。開発に携わった人工衛星「ひので」の2006年の打ち上げ後に私は退職するはずでしたが、天文情報センターという部署から1号官舎を解体復元して「三鷹市星と森と絵本の家」をつくる事業の手伝いを依頼されました。

2008年からアーカイブ事業として、昔の装置や建物、資料などをまとめたり、ガイドツアーをしています。古い建物を調べているうちに1880年製の望遠鏡「レプソルド子午儀」が見つかりまして、望遠鏡と一体の建物の中も見せることになりました。

国立天文台は自然科学研究機構のなかの一つで、天文学の最前線の研究をするところです。そのため古いものの復元やアーカイブにはお金が付かず、機構長裁量経費を使ってアーカイブ事業を行ってきましたが、なかなか難しいです。私自身は70歳からは無給で働いていますが、アーカイブ事業は厳しいですね。

2年にわたってボランティアガイドを養成しようとしましたが、一人も合格できませんでした。国立天文台の名前を背負って説明することになりますから、間違ったことを話すのは困るのです。天文に興味がある50代以

左：アインシュタイン塔の地下室　右：アインシュタイン塔５階ドームのシーロスタット
右頁：ドームが開いているアインシュタイン塔を北東から見る。白い扉があるところが地下室

上の方が多くて、若い人はほとんど来ませんでした。

私が実際に使っていた建物で今でも残っているのは「アインシュタイン塔（＝太陽塔望遠鏡）」で、一番想い入れが深いですね。アインシュタイン塔は１９６８年に観測の役目を終えて、１９９８年に登録有形文化財になりました。タヌキの住処になるくらい荒れ放題でしたが、改修や掃除をして人が入れるまで回復しました。

建物全体が観測装置で地下室は大きな分光器ですから、地下室に分光器を集めて分光器博物館にしています。「文化財ツアー」や特別公開イベントのときには中も見ることができます。太陽の光をもう一度入れようと、ドームを改修しシーロスタット（最上階の２枚の鏡の装置）を最新の制御機構に替えましたので、天気がよければ太陽光を下の分光器に入れてスペクトルを見ることができますよ。

傷みがあれば補修を頼み、傷まないような努力をしています。たとえばゴーチェ子午環室のそばの竹や雑木を自分で伐採しています。手入れをしないと自然が建物を壊しますから。

私はこれらの建物をできるだけ長く保存したいと思っています。２０１４年に７件の天文台建築を登録有形文化財にしました。今は三鷹キャンパスに10件の登録有形文化財があります。国の文化財にしましたから、簡単には解体されないと思います。

東京大学 本郷キャンパス 39

西村幸夫　Yukio Nishimura
（東京大学 教授、キャンパス計画室 前室長）

設計：内田祥三、岸田日出刀、他 / 改修 キャンパス計画室（千葉学）＋香山壽夫、他
竣工年：大講堂（安田講堂）1925 年 / 改修 2014 年、他　所在地：東京都文京区
構造：大講堂 RC 造地上 5 階、地下 1 階 / 改修 RC 造＋ S 造地上 5 階、地下 1 階、他
建築面積：大講堂 1,539.00㎡、他　延床面積：大講堂 6,988.00㎡、他

左：「第２食堂」２階階段　右：「第２食堂」外観
右頁：「大講堂（安田講堂）」外観

携わる人が変わっても建築が残る仕組みをつくり実践している

明治時代の初期のキャンパスは、複数の大学が本郷に移ってできた総合大学でした。あるときから正門前の広い中庭を挟んで各大学が建ち並び、校舎が増えて敷地に余裕がなくなってきたころ、安田講堂（大講堂）の建設中に関東大震災が起こり、木造やレンガ造の校舎の多くが被災しました。

復興期に建てられた複数の建物は、内田祥三先生が自ら200分の１の縮尺の図面を描かれています。広場型から街路に面して鉄筋コンクリート造の建物が建つ街路型に変わり、正門と安田講堂がつくる軸と図書館前から伸びる軸で十文字の形式となる現在の形に転換しました。

かつては安田講堂の周りに高い建物が建ちましたが、今はそうした計画はありません。大学のアイデンティティですから、大学キャンパスに建つ建築はどのようなものであるべきかを考える依りどころになっています。

床面積を増やしたいという要望は常にあるのですが、大学としての統一感を守ろうとすると、部局（学部・研究科・附置研究所・全学センター）の要望と対立するので、内部的に苦労しながら全体の価値を守っています。

維持や改修をするためには余分にお金がかかりますが、建物を守ることだけが大学の使命ではないので、教育や研究にかけるお金とどうバランスをとるのかが苦労するところですね。

現在では本郷キャンパス計画要綱を定めています。エリアコードのⅠからⅣまでのゾーニングで保存から開発を許容する4段階に分けて、高さやデザインの規制をしています。

また、改修や新築など事業の立案段階と基本構想、基本設計、実施設計の段階でチェックしますが、さらに各エリアコードと実施内容で、総長が確認するAから部局だけで確認できるDまで4段階で重要度を分けています。また、保存建造物1種、2種を指定し、外部空間も歴史的空間1種、2種を指定して厳しくチェックしています。

キャンパス計画室の現在の仕組みは、内藤廣先生がキャンパス計画室長だった2009年ごろに整備されました。寄付で新しい建物をつくる際に部局が強い意見をもち、キャンパス内にあまり望ましくない建物が増えてきたので、このような手続きが整えられたのです。

キャンパス計画室では、文系も含めた准教授以上のメンバーが集まり月1回の会議を行い、大きな建物の基本構想から、サインのデザインといった細かいものまで、毎月5〜10個くらいの案件すべてをチェックしています。

工学系ではドラフトチャンバー[*1]や水を使う実験室といった要望がありま

左：「工学部１号館」の中庭に増築された建築学科製図室　右：「工学部１号館」外観
右頁：「大講堂（安田講堂）」内観。改修されて天窓なども復元された

すので、既存の建物にかなり手を入れないといけません。医学部では最新の機器を入れたり、病院との関係も出てきます。建築学科などの工学部１号館では１９９８年に中庭に製図室をつくり、法学部３号館は２０１２年に中庭に書庫と研究室のタワーを建てました。化学専攻などの工学部３号館は保存建造物２種の指定でしたが、換気設備の問題や危険物倉庫があるので、２０１３年に外観をほぼ復元して建て替えました。

それまでは、残すかモダンなものにするかのどちらかでしたが、どちらとも違う解決方法がとられました。２０１４年には安田講堂を耐震補強しつつもとの姿に近いかたちで整備し、２０１６年現在、図書館の改修中で、図書館前の広場の地下に新しい機能を付け加えながら、広場の噴水をもとに戻して、もとの建物の大階段を守り、トップライト（天窓）を復原しようとしています。

キャンパスの軸構造とオープンスペースはずっと守っていかなければいけません。関わる人が変わっても同じ判断ができる仕組みを続けなければいけないと思います。

＊１　ドラフトチャンバー：化学実験などで発生する有害な気体から室内使用者を保護するための局所排気装置。

東京駅 丸の内駅舎 40

小山 剛　Tsuyoshi Koyama

(東日本旅客鉄道株式会社
東京支社 施設部建築課建築課長)

設計：辰野金吾 / 保存・復原 東日本旅客鉄道株式会社 東京工事事務所・
東京電気システム開発工事事務所、東京駅丸の内駅舎保存・復原設計共同企業体
(株式会社ジェイアール東日本建築設計事務所・ジェイアール東日本コンサルタンツ株式会社)
竣工年：1914 年 / 保存・復原 2012 年　所在地：東京都千代田区
構造：鉄骨レンガ造地上3階/鉄骨レンガ造+RC造（一部S造+SRC造）免震構造地下2階、地上3階（一部4階）
建築面積：約 7,800㎡ / 保存・復原 約 9,800㎡　延床面積：約 23,900㎡ / 保存・復原 約 43,000㎡

左：周辺工事が行われていたころの東京駅全景。丸の内駅舎と奥の八重洲口　右：丸の内駅舎正面
右頁：３階より上部が復原された丸の内南口のドーム。そこに面してホテル客室がある

東京のシンボルとして変わらないために時代に合わせて変わり続ける

名建築を所有するというのは、我々もその建築物を愛し続けなければならないことだと思っています。今でも東京駅を背景に多くのお客さまが写真を撮られているのを見て、東京駅がみなさまに愛されていることを非常に嬉しく思う反面、我々の業務そのものがその気持ちに直結していることを痛感します。その気持ちや思いに応え続けるためには、我々も気持ちや思いで応えなければならないと思っています。

東京駅の建設は、１８８９年に東京府知事より告示された東京市区改正設計計画において新橋・上野両停車場を結ぶ市内貫通高架線の建設が定められ、翌年東京市中央に停車場を設置する旨の訓令が出されたのが発端といわれています。「ステーションのごときは外国式がよい」という明治天皇の意向を受け、辰野金吾が設計を担当し、完成したのは１９１４年12月でした。

１９２３年の関東大震災では被害は特にありませんでしたが、１９４５年５月の空襲による火災で外壁、屋根及び内装が損傷しました。その復興

工事は、5年もてばよいという考えのもと、3階建を2階建に変え、曲面ドームを方形型にするなどの建物形状を変更しましたが、結果的にその形が60年余も使い続けられることとなりました。

旧国鉄時代には、いろいろと丸の内駅舎の建て替え・高層化案が議論されてきた一方で、国鉄がJRに民営化された1987年には日本建築学会などから保存の要望書が出されました。その後も検討を進めるなか、1999年の石原慎太郎都知事と当社松田昌士社長（当時）の会談をきっかけとし、丸の内駅舎保存・復原の方針が固められました。

さらに、さまざまな場で議論を重ねた結果、丸の内駅舎を保存復原し、首都・東京の景観を形成する歴史的建造物を恒久的に活用していくことで社会的貢献ができると考え、2002年に石原慎太郎都知事と大塚陸毅社長（当時）が会談し、八重洲側の開発も含めた東京駅開発の計画を発表しました。2000年の容積移転の制度創設や2003年の重要文化財指定など、行政側の動きも影響が大きかったです。

丸の内駅舎の保存・復原工事では、建物の細部まで記録した創建時の映像やカラー写真はほとんどなく、設計図もそろっていませんでした。残された図面や文献、工事記録などを頼りに、できる限り創建時の姿を浮かび上がらせるよう努力しました。また、学識経験者の方々のご指導も頂きながら、屋根や外壁の施工方法やドーム天井の内壁の飾りなど、一つひとつを掘り起こしていきました。

左：丸の内南口ドームの見上げ。天井の飾りも復原されている　右：丸の内駅舎丸の内南口
右頁：東京駅丸の内駅舎、全景。南北の方形の屋根が曲面のドームに戻っている

また、既存の駅を仮受けしながら地下を新設し、さらに免震装置を挿入する工事やドーム部分の既存屋根を撤去、新設する工事がありましたが、お客様にご利用頂きながらの施工で、大変難しい工事でした。

建築の存在そのものに評価を頂いているわけですから、簡単な修繕であっても時期を失することなく行わなくてはなりません。また、丸の内駅舎は重要文化財ですので、改修可能な部分が限定されていて、簡単に改修工事などを行うことはできないため、駅を運営する観点からは非常に疎ましく思うこともあります。

また、お客様にとっては、丸の内駅舎だけではなく、駅コンコースあるいはホームなどのエリアも含めて東京駅として広くご認識を頂いていますから、我々は常に安全性と快適性については追求していかなければなりません。

２０１４年には当社東京支社の中に、東京駅に関する施策などを一元的に取り扱う専門の部署を立ち上げ、ハードだけでなくソフトも一体となったサービス向上を図る体制を整えました。これまでの歴史も踏まえつつ、未来へ向けても多くのお客様に使い続けられて、そして愛され続ける建築でありたいです。

富士屋ホテル 41

勝俣 伸　Shin Katsumata
（富士屋ホテル株式会社 代表取締役社長）

設計：本館・西洋館 山口仙之助、花御殿 山口正造、食堂 山口正造＋木子幸三郎、他
竣工年：本館 1891 年、西洋館 1906 年、花御殿 1936 年、食堂 1930 年、他
所在地：神奈川県足柄下郡箱根町
構造：本館・西洋館 木造地上 2 階、花御殿 RC 造地上 5 階、地下 1 階、食堂 混構造地上 2 階、他
建築面積：本館 706㎡、西洋館 292㎡ × 2 棟、花御殿 1088㎡、食堂 589㎡　延床面積：19,375㎡

左：本館ロビー　右：富士屋ホテル全景。手前左から花御殿、西洋館、本館、食堂棟などが見える
右頁：花御殿3階のスイート「菊」。ソファがある窓際とふすまで仕切ることができる

何世代にも及ぶ人々とともにそこにあり続けるという価値を生み出している

明治から伝わった名建築を維持保全しながら、ホテルの建物として営業することは非常に難しいです。富士屋ホテルがある宮ノ下は箱根の中心で、みなさんが「箱根のランドマーク」とおっしゃる資産を維持保全していくのが我々の役割だと思っています。

当時の文化が凝縮され、二度と建てることができないものです。明治維新で日本が開国されて海外の方に日本を紹介する意味でも、日本様式を取り入れた洋風のホテルとしたようです。建て替えの話もないですし、変えるつもりはありません。

明治11年に箱根にあった藤屋旅館を買収して、初代の山口仙之助がホテル経営を始めました。福沢諭吉先生から「これからは国際化の時代だから、君は実業家として生きなさい」と指示を受けて、アメリカで勉強し、この箱根の地に外国人専用のホテルを建てたわけです。当時の混乱期のなかで、相当な発想と苦労があったと思います。

標高450mのここに、トラックも何もない時代に、当時の粋を集めて

つくられました。昭和初期まで、日本国の勢いとともにさまざまなお客様がみえました。弊社の80年史によると、明治21年頃の宿泊料金で一人室2・5円、大正6年ごろで一人室20円という記録が残っていますが、本当に限られた人しか泊まれませんでした。当時のお客様は長期滞在でしたから、そういう方が飽きないように、非常に多くの遊びがありました。

昔のままを維持保全しないといけないし、変えてはいけない。しかしながら、人間と同じで表面は美しくても、血管が詰まったりコレステロールが溜まります。明治の初期に温泉が全客室に引かれてから客室のお風呂は天然温泉の掛け流しです。その配管が詰まるので、耐震改修と一緒に直していこうと考えています。

雨漏りもしますから天気予報をみて備えて、台風が来るときには従業員も泊まってお客様の安全を守ることをしています。愛情なくしてはできないですね。大切なのは定期的な点検と投資でしょうね。私どものなかに営繕課もありますから、小修理はすぐに直して維持保存しています。

昔は建具職人や椅子職人もいました。今は大工が3人と庭師がいます。電気は親戚含めて親子3代で見てくれています。昔の建物なので設備修理も頻繁に行い、そういう人たちが代々つなぎ合わせてきています。躯体全体となると、我々にはないノウハウをもった設計会社とやっていく必要もあります。

この時代につくられたものは天井が高いですよね。よく都内のホテルで

左：チャーリー・チャップリンが宿泊した本館「45号室」　右：西洋館のデラックスツイン
右頁：花や鳥が描かれた格天井や彫刻が特徴のメインダイニングルーム「ザ・フジヤ」

は平米数でいくらと語られますが、富士屋ホテルを語るときには立方メートルで語られてもよいのではないかと思いますよね。昔の建築の中で、非日常を味わうためにご利用頂いているのかと思います。建築だけでは上手くいかないので、建築を活かすおもてなしでカバーする。両方マッチングしないと、ホテルは一つの空間にならないと思うのですね。

お客様は富士屋ホテルの発する何ともいえない家族的な雰囲気を求め、それを買いに来ているのだと思います。それから安心。親子何代経っても変わらない味、変わらない景色が残っている。僕が知っているだけで、お客様で5代目という方もいる。

そういう方たちが小さいころに食べた味も絶対に残っていて、その料理を変えてしまうと非常に怒られてしまいます。でも、料理は進化しなければいけない。建物も同じだと思うのですね。「野暮ったくてよい、清潔であれば」とよく言われます。同じ繰り返しを期待されている。

富士屋ホテルのなかでも、ランドスケープを形成している、明治、大正、昭和初期の建物は残していかないといけません。技術的によい素材を使いながら、どうやったらそのまま残して活かせるか。ここは、もう我々の資産ではなく、お客様の資産なのですから。

富岡製糸場 42

森田昭芳 Akiyoshi Morita

（富岡市役所
世界遺産部 富岡製糸場保全課 管理係 係長）

設計：エドモン・オーギュスト・バスティアン、他　竣工年：1872 年、他　所在地：群馬県富岡市
構造：繰糸所 木骨レンガ造平屋、東置繭所・西置繭所 木骨レンガ造地上 2 階、他
建築面積：繰糸所 1726.92㎡、東置繭所 1486.60㎡、西置繭所 1486.60㎡、他　延床面積：—㎡

左:繭から糸をとる作業が行われていた「繰糸所」　右:主に2階に乾燥した繭を置いた「東置繭所」
右頁：入口正面の木骨レンガ造の「東置繭所」。レンガの目地には漆喰が使われている

近代化の礎を未来に伝えるために世代を超えて維持する仕組みを模索している

操業を開始した明治5年から140年以上経って、最低でも今の状態を維持しながら、よりよい状態で次にバトンタッチしていく重要な役割を担っています。世界遺産の先進地から「世界遺産登録がスタートで、ゴールではない」と聞いて、最初は理解できませんでしたが、世界遺産リストに載ってやっとその言葉が理解できました。設計したフランス人や日本人の技術者や職人の「日本を豊かにしよう」という先人の想いを感じつつ、責任の重さをひしひしと感じています。

富岡製糸場は官営で始まり、その後、払い下げで民間の手にわたりました。前のオーナーの片倉工業株式会社は、ここの価値を高く認めていて、機械製糸業の原点だということで、昭和62年の操業停止後も「売らない・貸さない・壊さない」の三原則を掲げ、ここを守ってこられました。企業として利益を生まない所に、多額の経費をかけて20年近く維持管理されたことは大変なことだったと思います。

そういったことがあって世界遺産の登録につながりましたので、感謝の

気持ちでいっぱいですね。世界遺産登録運動は、平成15年から始まりました。その後、世界遺産登録が現実のものとなり、富岡製糸場が未来永劫残ることを確信できたことで、富岡市に譲って頂きました。

世界遺産という冠がついて、地域の資産を見直すきっかけになりました し、地域のみなさんの意識の変化を感じます。「富岡製糸場と絹産業遺産群」という群馬県内四つの資産を合わせて世界遺産です。この地域の多くの人は養蚕をしていたので、見慣れた養蚕が世界に影響したという実感はなく、世界遺産へ向けての運動も最初は戸惑いがありました。

明治初期に生糸は最大の輸出品になっていましたが、農家の手作業による生産でしたので品質が一定にならず、国は機械を導入して均一な品質で大量生産を目指しました。昭和20年代に導入された自動繰糸機で飛躍的に生産量が向上して、明治時代には特権階級の人しか着ることができなかった絹が、我々でも着られるようになった「技術革新」まで含めて世界遺産に認められました。そういう意味では、日本中の養蚕製糸に関わったすべての人も世界遺産ですね。誇りをもってよいと思います。

ほぼすべての建物で修理が必要な時期にきています。文化財なので、修理においては後から設置する補強部材などは外せることが大原則です。通常の建築物であればいつかは建て替えますよね。それらとは違い、文化財、世界遺産はオリジナルを延々と引き継ぐので、オリジナルを残すことと次世代の新しい工法への余地を残すことに気を遣います。

左：コの字右から東置繭所、繰糸所、西置繭所
右・右頁：繰糸所。大空間に繰糸機が並ぶ

また、明治5年から昭和62年までの115年間が「技術革新」ですので、どの時代に合わせて保存するかも課題です。一般に社寺などの保存修理では創建時に復元することが多いですが、産業遺産や近代化遺産は、長年の工場としての操業の歴史や痕跡に価値を見出します。文化遺産としての価値を失わないように気を付けています。

国や県からの補助金のほかに、入場料を財源にして、市民だけではなく来場される見学者とともに次世代に引き継ぎたいと思っています。また、企業の厚意で場内や市内に設置してある飲み物の自動販売機の売上金の一部から寄付を頂いていますし、市民団体の募金活動でも力強く応援して頂いています。

富岡市では「史跡・重要文化財（建造物）旧富岡製糸場整備活用計画」を作成しています。約100棟ある大小の建物を保存・活用して、30年後にはほぼすべてを公開できるようにする計画で、平成26年から取り組んでいます。多くの建物内に入って間近で見て、先人の想いを感じられるよう、建物はもちろん、環境も含めて次の世代に残せればと思っています。

年表

09
1958

10
1955

08
1966

03
1976

04
1974

05
1974

06
1972

07
1971

01
1983

02
1983

940 1950 1960 1970 1980

25
1959

26
1958

27
1956・1958

28
1956

29
1955

20
1966

21
1966

22
1965

23
1964

24
1963

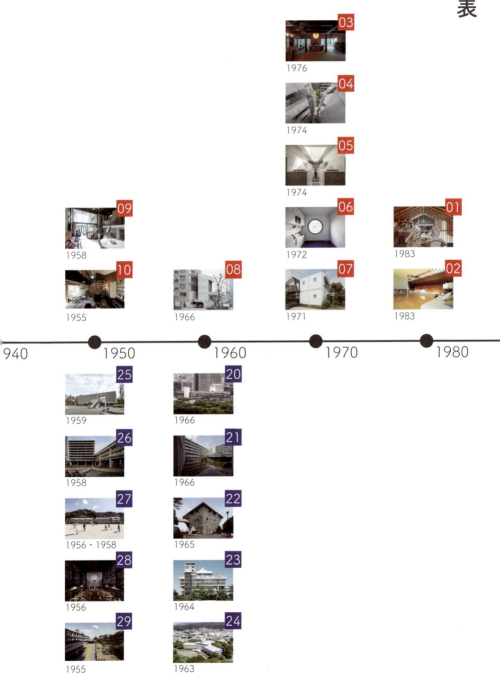

19

1850ごろ

16

1928

17

1927

18

1926

11

1934

12

1933

13

1933

14

1933

15

1932・1934

～1900　1910　1920　1930

41

1891

42

1872

40

1914

35

1927

36

1927

37

1926

38

1926

39

1925

30

1933

31

1933・1966

32

1931

33

1930

34

1930

あとがき

未来にココがあってほしいから

オランダ・アムステルダムに残る400年前の建物たちは、大航海時代に得られた富によって築かれた建築群だそうです。過去からすると未来の人々である私たちは、それらを見て喜ぶのですが、いま日本に建つ建築たちが400年後に残っていたら、はたして未来の人たちは喜ぶのだろうか、と考えるようになりました。そして、未来の人たちが喜ぶ建築とは何かを知るためのヒントを、いま名建築に住む人・支える人たちに伺いたいと思ったのです。単に過去を振り返り懐かしむためだけではなく、ココが現在までなぜ生き延びているのかを知ることによって、現代に生み出すべき建築の道標にもなるのではないでしょうか。

さて、本書が生まれた原点には、消えてしまった二つの同潤会アパートと私との出会いがあります。1996年の夏、「画を描きに行こう」と友人に誘われて、ベージュ色のアパートが建ち並び、緑が生い茂る森のような場所に行きました。それが東京都渋谷区に建っていた同潤会代官山アパートメントでした。大学の建築学科に入学する前年の出来事で、翌年にはそこが解体されることも知らずに、幸運なことに住民の方にアパートの中を案内して頂きました。暗く静かで「和」とも「洋」ともいえない独特の雰囲気の部屋を見た後、暗い廊下でその方は「ここが壊されて、これになるんだよ」と白い大きな建物の模型を指さして話されました。目の前にある素敵なアパートや森が消えてしまうことを「なぜ?」と強く疑問に思ったことがすべての始まりでした。

1999年の冬、建築学科の大学3年生になった私は、東京都渋谷区の表参道に建っていた同潤会青山アパートメント〈写真①〉の保存・再生を呼びかける団体に所属しました。そこで、同

同潤会青山アパートメント

アパート内での展示の様子

残されたメッセージたち

潤会について学んだり、団体として何を目指すのかを話し合い、保存を訴える署名運動もしました。不思議なことに、団体メンバーにはアパートの所有者も使用者もいませんでした。そういう運動を通じて、アパートに関わるさまざまな立場の人々が「建て替えたい」と長年願っていることを知りました。もちろん、最後まで「建て替えないでほしい」と願う所有者も複数いましたが、個々の事情を知れば知るほど「好きだから残してほしい」とは気軽に言えなくなり、私は団体を早々に抜けました。

2002年の春、同潤会青山アパートメントの解体が決定したのです。大学院2年生になっていた私は、多くの人々に愛された同潤会青山アパートメントの記憶を残すために、2002年の秋に2週間の展示を開催しました。アパートの中でアパートに関する展示をし、靴を脱いでまるで友達の家に遊びに来たかのようにくつろいで長時間自由に過ごしてもらうのです。〈写真②〉そして、アパートに向けたメッセージを残してもらいました。〈写真③〉来場者や協力者、私自身を含めた展示者たちが、アパートが消えてしまった未来に「ああ、ココにアパートがあったな」「あのアパートの中でこんなことしたな」という瞬間を生み出す「記憶のアパート」をつくりたいと願い「同潤会記憶アパートメント」展と名付けて、解体直前までに3回開催しました。

2003年の5~7月にかけて、同潤会青山アパートメントは解体されました。〈写真④~⑥〉私は社会人になりながらも毎日見に行き、インターネットを通じてその様子を発信しました。消えゆく姿を見るのは辛いのですが、アパートの最期を見送りました。そうして、アパートが消えた更地横のカフェで4回目の展示を行い、展示を通じて預かったメッセージを建て替え後の建物に伝えることを最後の役目とし、2006年に5回目の展示を表参道ヒルズで開催しました。1週間で2万人近い来場者に見てもらえたことで展示を終えるつもりでした。

④
解体中の同潤会青山アパートメント

⑤
重機で解体される様子

⑥
2003年7月、解体後の様子

ところが、2007年に大阪の芝川ビルと出会うことで新たな始まりを得たのです。同潤会青山アパートメントと同じ年に生まれた芝川ビルが、これからも活かされようとしていたことにショックを受けました。一方は消え、一方は生き続ける、その違いを知るために、生き延びている素敵な建築たちの中で展示を行い、「ココとの記憶」をつくることにしたのです。〈写真⑦⑧〉

展示の中で本書の基となる建物オーナーによるトークイベント〈2007年・芝川ビルの芝川能一さん〈144頁〉、2008年・同潤会青山アパートメントの住人の方〉を企画・開催したり、オーナーや関係者へのインタビュー記事をパネルで展示〈2012年から開始し、2013年・堀ビルの堀信子さん〈56頁〉、2014年・旧観慶丸商店では当時の教育委員会の担当者の方〈140頁〉〉することを始めました。その後一般社団法人日本建築学会『建築雑誌』の編集委員を務めることになり、こうしたインタビューをより多くの人々に見てもらえるかたちにしたいと企画したのが、2014年から始めた連載「未来にココがあってほしいから〜名建築を支える名オーナーたち〜」でした。

2013年、引越し先を探す私は「せっかく払う家賃は名建築に払いたい」と考え、中銀カプセルタワービル〈22頁〉の一つのカプセルに1年ほど住みました。猫との出会いによって住まいは他へ移すのですが、その後もカプセルは借り続け、現在では二つのカプセルで会員向けのタイムシェアのオフィスを企画・運営をしています。〈写真⑨〉中銀カプセルタワービルを保存したいという考えを持つオーナーのカプセルを借りることで間接的な支援となり、そのオーナーはさらに別のカプセルを購入することができるのです。自らオーナーにならなくても長期的に借りることで、その建築の保存の一助となります。さらに、複数の会員がカプセルの中で密に時間を過ごし、現在進行形で「ココとの記憶」をつくっています。少しでも多くの人々が「ココとの記憶」

⑦
芝川ビルでのイベント

⑧
奥野ビル〈60頁〉での展示

⑨
カプセルのシェアオフィス

を持てば、いつか大きな力になるのではないかと思うのです。

最後に、本書は取材にご協力くださり、お話を聞かせてくださった方々の言葉によって出来上がっています。名建築と幸せな関係性を築いている方々だからこそ発せられる素敵な言葉ばかりです。また、建物オーナーを影から支えている人々にも出会いました。一人だけで建築を支えているわけではなく、多くの人々に見守られて建築は生き延びているのです。また、本書に多大なる助言ならびに協力を賜ったみなさま、本当にありがとうございました。

毎月1回の連載を4年間かけて行い、1組の新たな取材を終えておおよそ5年の歳月をかけて本書は出来上がりました。〈写真⑩〜⑫〉それと同時に、18歳の夏に感じた「なぜ？」という思いとともに20年以上かけてずっと走り続けていたものがようやく一つのゴールにたどりついたように感じています。連載を開始してすぐに「これはきちんとかたちに残さなければなければいけない」と感じ、書籍化してくれる出版社を探しました。3年目にようやく出版が決まり、連載の取材と同時進行で本書の再構成・編集・レイアウトなども1年以上かけて行いました。

パッとつくられてはパッと消えてしまうものが多い現代において、時間をかけて丁寧につくりあげられた本書は、幸せな名建築たちの時間の積み重ねを伝えるのにふさわしいものになったのではないかと自負しています。本書ができるだけ多くの方に、そしてできるだけ長い時間、広く深く伝わっていくことを願ってやみません。また、本書によって、未来に残るべき名建築を生み出し、残せる人が一人でも多く現れたなら、きっと未来の人々も喜んでくれることでしょう。

「未来にココがあってほしいから」と願う建築が、もし、あなたにあるのなら、住む人・支える人になっていってほしいのです。建築は人がいてこそ生きることができます。あなたにとっての「大切なココ」が、未来にもあったら素敵だと思いませんか。

（いしまるあきこ）

ハウジング編初回の取材は堀ビル

ビルディング編初回の取材は芝川ビル

最後の取材は聴竹居

取材日　※本文の登場人物の肩書きは取材当時のものです。

ハウジング編

01 管の家　2014.6.22　**02** 象の家　2015.6.29　**03** 目神山の家　2015.5.30
04 ビラ・モデルナ　2014.6.3　**05** 原邸　2015.7.14
06 中銀カプセルタワービル　2014.10.26　**07** セキスイハイム M1 犬木邸　2014.9.10
08 塔の家　2014.3.5　**09** 石津邸　2015.2.10　**10** 自由が丘の家 伊藤邸　2014.1.23
11 同潤会江古田分譲住宅 佐々木邸　2013.11.28　**12** 清洲寮　2014.12.3
13 富久邸　2014.3.16　**14** 堀ビル　2013.9.13　**15** 奥野ビル　2014.10.3
16 聴竹居　2017.11.30　**17** 長岡邸　2014.11.16　**18** 求道学舎　2013.12.21
19 濱田庄司記念益子参考館　2014.7.29

ビルディング編

20 パレスサイドビル　2016.4.26　**21** 目黒区総合庁舎　2016.8.4
22 大学セミナーハウス　2017.2.22　**23** 東光園　2017.6.13
24 東海大学 湘南キャンパス　2017.7.14　**25** 国立西洋美術館　2016.9.5
26 香川県庁舎　2016.10.4　**27** 八幡浜市立日土小学校　2017.2.21
28 カトリック目黒教会　2017.9.7　**29** 国際文化会館　2016.6.7
30 北九州市立戸畑図書館　2017.7.4　**31** 大阪ガスビルディング　2017.3.21
32 ＪＰタワー・ＫＩＴＴＥ　2016.2.16　**33** 自由学園 南沢キャンパス　2016.6.15
34 旧観慶丸商店　2016.10.6　**35** 芝川ビル　2015.11.4
36 デザイン・クリエイティブセンター神戸　2015.12.21　**37** 北菓楼札幌本館　2017.5.16
38 国立天文台 三鷹キャンパス　2016.1.21　**39** 東京大学 本郷キャンパス　2016.12.6
40 東京駅 丸の内駅舎　2016.11.14　**41** 富士屋ホテル　2016.4.8　**42** 富岡製糸場　2015.12.16

執筆

いしまるあきこ（まえがき・本文・あとがき）
篠原聡子（コラム「名建築という物語」）
大岡龍三（コラム「建築を残すということ」）

写真

蔵プロダクション（下記以外すべて）
淺川敏（「象の家」建築写真）
齋藤さだむ（「伊藤邸」建築写真）
国立西洋美術館（「国立西洋美術館」建築写真）
日本郵便株式会社（「JP タワー・KITTE」135 頁右）
いしまるあきこ（あとがき ①～⑧）

編集・装丁・ＤＴＰ

いしまるあきこ

幸せな名建築たち　住む人・支える人に学ぶ42のつきあい方

平成 30 年 7 月 10 日　発　　行
令和 5 年 6 月 20 日　第 2 刷発行

編　者　一般社団法人　日本建築学会

発行者　池　田　和　博

発行所　丸善出版株式会社
〒101-0051 東京都千代田区神田神保町二丁目17番
編集：電話(03)3512-3266／FAX(03)3512-3272
営業：電話(03)3512-3256／FAX(03)3512-3270
https://www.maruzen-publishing.co.jp

印刷・シナノ印刷株式会社／製本・株式会社 松岳社

ISBN 978-4-621-30306-1　C0052　Printed in Japan